Erik fra Tylstrup

Jens Erik Jensen

Erik fra Tylstrup

© 2020 – Jens Erik Jensen
Forlag: Books on Demand GmbH, København, Danmark
Fremstilling: Books on Demand GmbH, Norderstedt, Tyskland
Bogen er fremstillet efter on-Demand-proces
ISBN 978-87-4308-206-4

Indholdsfortegnelse

BØRNENES FORORD

Nu er vi så kommet til det sidste kapitel, de sidste ord fra et stort, varmt og kærligt menneske. Han, der i så mange år har været en inspiration og et forbillede for os, er her ikke mere. Vi savner ham. Vi mindes med glæde, hvordan han viste os verden. "Når far kom hjem fra arbejde, så skete der altid noget sjovt!" – husker to af os brødre. Far var et kærligt og omsorgsfuldt menneske. Hans liv har ikke altid været nemt, hverken i barndommen eller ungdommen. Og heller ikke hans fire rollinger gjorde det helt nemt for ham. Men han havde et ukueligt sind, han ville noget med livet og han viste os, sine børn, at gode ting er værd at kæmpe for. At modgang ikke skal stoppe én. Selv da fars sygdom for alvor tog til, stoppede det ham ikke i at skrive. Og fire bøger er det blevet til. Fire meget forskellige, underfundige og hjertevarme bøger. Og denne sidste bog er ingen undtagelse. I to dele udfolder far sit talent for at underholde både børn og voksne. En bog, som så ud til ikke at blive til noget, da kræfterne til sidst ikke var der længere. Men en bog som far kæmpede sig igennem. Kræfterne var ikke til selv at få den udgivet. Det hverv har han så, med mere eller mindre sindsro, overladt til os. Og det er vor ære, pligt og største fornøjelse hermed at sende denne bog i trykken. Ære være fars minde.

Maiken Pihl Jensen, Jon Pihl Bredsgaard, Gorm Pihl-Jensen og Bjarke Nørholm Pihl.

1 FORORD

"Fortæl- en historie fra dengang, da du var barn farfar. Det er det bedste, jeg ved".

Hvilken farfar kan stå for en sådan opfordring fra en lille størrelse med nogle store klare barneøjne?

"Og så er vi altså nogle, som gerne vil have glæde af det også", fortæller børnebørnenes forældre. Så hvorfor ikke skrive dem i en bog, så rigtig mange kan få glæde af historierne.

Det kunne jeg da godt forsøge mig med, og som jeg kom frem i erindringernes tågede verden, oplevede jeg, at jeg pludselig befandt mig midt i den tid og blandt de mennesker og steder, som historierne drejer sig om, og hvor de udspandt sig.

2 HISTORIERNE OM ERIK

Erik er født i Tylstrup, i det sydlige Vendsyssel i 1951, hvor der kun boede cirka femhundrede mennesker, hvorfor alle kendte alle.

Han er vokset op hos sine bedsteforældre på Hedensvej 3, da moderen var meget ung ved fødslen. Erik blev boende i Tylstrup, indtil han som voksen flyttede til Aarhus.

Bortset fra enkelte af historierne, der er fra Eriks første leveår, er resten af historierne fra Eriks 7-13 års alder, som var det tidspunkt, hvor Erik fik kontakt med jævnaldrende og andre børn, da der hverken på den tid fandtes børnehave eller 0.-klasse.

Det er min opfattelse, at historierne er egnet for alle aldersklasser. Som højtlæsning for børn fra femårs alderen samt for egen læsning af lidt større børn, der selv har lært at læse. Imidlertid kan sikkert alle aldersklasser have stor fornøjelse af at læse bogen.

Første del af bogen er altså små historier fra Eriks barndom.

For at iklæde historierne den rette tid, baggrund og sammenhæng har jeg valgt at tilføje bogen et tredje kapitel, hvor jeg fortæller om byen Tylstrup, dens indbyggere for 60 år siden, Eriks familie, naboerne, nogle af dens originaler samt livet og tiden for de mange år siden. Denne del afsluttes med en præsentation af skolen og lærerne, som Erik og hans klassekammerater blev "udsat" for.

Mine tanker går i taknemmelighed tilbage til Tylstrup og til den trygge tid, her i 1950´erne og 60´erne.

Valby, oktober 2019
Jens Erik Jensen

2.1 Trappen

Bedstefar havde anlagt den flotteste flisegang, der gik ude fra Hedensvej og helt om til indgangen til huset i nr. 3, helt omme i haven. Han holdt fliserne fuldstændig rene og skurede og skrubbede dem flere gange om ugen. Erik lagde specielt mærke til, hvordan Bedstefar tog en spand, fyldte den med vand og til sidst lagde en klud ned i vandet. Så tog han kosten, viklede den våde klud om den og skrubbede løs, indtil fliserne var helt skinnende rene.

Bedstefar havde haft en del overarbejde på det sidste, derfor var han kommet sent hjem og havde ikke nået at vaske fliser og trappen i lang tid. Erik tænkte:" Her kan jeg hjælpe til. Det vil virkelig gøre Bedstefar glad". Så han tog en spand, fyldte den med vand, fandt en klud og gik ud på fliserne for at se, hvor der trængtes mest til at blive gjort rent.

Han så med det samme, at trappen ind til baghuset var møgbeskidt, så han skrubbede den helt ren.

Det var blevet pivhamrende koldt, medens han asede og masede, ja selv frostvejr var det blevet. Han skyndte sig ind i huset for at få varmen. Allermest glædede han sig til at høre Bedstefarens reaktion dagen efter, nej hvor ville han blive glad.

Næste morgen stod han op til en stor overraskelse. Bedstefaren var ikke på arbejde, men lå på sofaen med en stor våd klud om nakke og pande. Hvad i alverden var der sket?

Forklaringen fik han af Bedstemor. Da Bedstefar om morgenen ville trække sin cykel ud af baghuset for at cykle på arbejde, gled han på trappen, der var spejlglat, fordi den meget våde trappe var frosset til ren is om natten. Derfor slog han en baglæns kolbøtte, hvorved han fik en mægtig bule i nakken.

Erik hørte på, at de undrede sig over, hvordan der kunne være så glat lige der, men ingen andre steder?

Han havde bare ikke tid til at blande sig i samtalen, fordi han havde så travlt med at komme i skole.

2.2 Fugleungen

Erik gik i 6. klasse, hvor de havde lærer Skovsgård til dansk. Han spurgte klassen, om nogen kunne fortælle en god historie. Erik rakte hånden op og fortalte en historie om en lærer, der altid stod og vrøvlede oppe ved tavlen. Der lød et latterbrøl fra klassekammeraterne; men lærer Skovsgård blev ildrød i hovedet, for ned til Erik og råbte ham ind i hovedet: "Kan du komme udenfor døren, din uopdragne knægt, og så skal du få en seddel med hjem, kan jeg love dig, så dine forældre kan se, hvor uartigt du opfører dig i skolen".

Tage Skovsgård havde stadig fråde om munden, da Erik stille og lydløst gled ud af døren.

"Det var godt nok træls, at stå og glo, mutters alene, herude på denne mørke gang", tænkte Erik, da han pludseligt hørte en mærkelig pibende lyd henne fra det ene vindue.

Straks måtte han hen og høre, hvad det var for noget, der gav den lyd.

Det viste sig at være den sødeste lille gule fugleunge, der nu kom hoppende hen imod Erik. Han tog den op i hånden og kunne mærke, hvordan det lille hjerte hamrede afsted. Han stod et stykke tid og kælede med den, da han pludselig bagfra hørte en kraftig stemme sige: "Er du nu smidt ud fra timen igen, Erik, hvordan skal det dog gå dig? Du lærer jo aldrig noget på den her måde. Vi bliver vist nødt til at give dig en seddel med hjem". Det var skoleinspektør Dinesen, der forsvandt om hjørnet, uvidende om, at Erik blot fik bager Nissen til at skrive alle sedlerne under, hvorfor bedsteforældrene aldrig fik noget at vide om den anselige bunke sedler, han efterhånden havde fået med hjem til underskrift. Men de kom aldrig længere end hen i bageriet hos Nissen.

I bar befippelse over at inspektøren var kommet, havde Erik tabt fugleungen på gulvet, og den var nu krøbet igennem en sprække mellem gulvet og døren, lige ind i det klasselokale, som han kort tid forinden var blevet smidt ud af.

Efter ganske kort tid opstod der en værre larm i lokalet. Den lille fugl var nemlig begyndt at baske og flakse rundt i lokalet.

Op røg døren, og ud stak lærer Skovsgård sit grumme fjæs, medens han af sine lungers fulde kraft råbte: "ERIK". Men Erik var forsvundet væk fra skolen og hen til bager Nissen, for at fortælle ham om de forfærdelige lærere, der var henne på skolen. Og for at forberede ham på, at nu kom der snart nok en seddel, som han ville anmode ham om at underskrive.

2.3 Busturen

Familien skulle med bussen fra Tylstrup til Ålborg for at komme til fødselsdag hos en af Eriks mostre. Sådan en samlet bustur var ikke noget, der skete ret tit, så der var gjort noget særligt ud af det.

Bedstefar havde fået nye bukser, og Erik havde fået en ny vindjakke, som der var det fantastiske ved, at der var en lynlås, der kunne køre op og ned, som var den smurt i olie.

Bedste havde lagt alt tøjet over en stol, så vi kunne hoppe lige i det i en fart, hvis vi nu skulle være i sidste øjeblik.

Erik kunne ikke blive træt af at beundre lynlåsen, som han kørte op og ned 7 - 8 gange. "Nu er der kun ti minutter til bussen kører, og den venter ikke på os, så det skal gå stærkt med at få tøjet på", råbte Bedstemor.

Det skal ikke være mig, de venter på, tænkte Erik, så han rev jakken til sig for at tage den på. Han mærkede, at der hang noget fast i lynlåsen, en tråd eller sådan noget. Det var Bedstefarens nye bukser, der hang fast,

18

så han var nødt til at være hurtig. Et kvikt lille ryk og tråden var fri efterladende en sprække i bukserne.

Han skyndte sig at stoppe tråden ind i hullet, skidt pyt, tænkte han, Bedstefar har altid en jakke på, der går et godt stykke ned over rumpen, så det er der overhovedet ingen, der ser.

De nåede bussen, og Bedstefaren steg som den sidste ind for at betale for turen. Idet han tog pungen op af lommen, væltede alle mønterne ud på gulvet. Han skød rumpen godt tilbage, og idet han bøjede sig ned for at samle mønterne op, flækkede bukserne i to halvdele, og de lange underbukser, "Jens lynerne", trådte fuldstændig tydeligt frem, så alle passagererne kunne se dem.

Folk jublede og klappede over det hvide syn. Erik satte sig ned, ildrød i hovedet og tænkte, at han hellere måtte se sig bedre for en anden gang, hvor han lagde vindjakken og lynlåsen henne.

2.4 Pengekloakken

Erik havde lige fået en ny cykel, en funklende ny og skinnende blå "Cito". Det skulle fejres, så det blev besluttet, at den første tur på cyklen skulle gå til slikmutter efter tre isvafler. Han fik penge til isene, men havde så travlt med at komme afsted på cyklen, at han ikke havde tid til at putte pengene i pungen, men holdt dem kun i en hulning i hånden, som han så trykkede ned på cykelhåndtaget. Åh, pyt skidt, tænkte han. Der er jo kun 1 kilometer op til byen. Så det er da begrænset, hvad der kan ske.

Det gik over stok og sten i rasende fart gennem byen.

Den kunne vel nok køre stærkt, den nye cykel.

Da han nåede cirka 100 meter fra slikbutikken, ejet af Hans og Grethe, hørte han pludseligt en masse lyde fra højre side, hvor skrædder Nielsen havde en bladkiosk. Erik drejede sig efter lyden, man skulle jo meget nødigt gå glip af en god historie, hvis det var sådan én, der blev serveret. Pludseligt lød der et mægtigt brag, Erik var på sin nye cykel braget ind i bagenden af en parkeret bil.

Han blev slynget af cyklen, og pengene, han holdt i hånden, røg hen ad asfalten og direkte ned i en kloakrist, hvor det sagde plop, plop, væk var hver en krone.

Alle pengene rullede ned i kloakken til det store afskyelige kloakdyr, og han agtede ikke at give dem tilbage igen. Erik skulede til alle sider for at se, om nogen havde set eller hørt, hvad der var sket.

Tilsyneladende havde ingen set eller hørt noget. Det var utrolig heldigt, tænkte han. Lad mig se at komme væk. Det var en flov affære, det her. Han kom på benene og fik slæbt cyklen med sig og måtte løfte forenden, der var helt skæv og trække cyklen ved baghjulet.

Bedstefar og Bedste hørte historien, da han endelig nåede hjem, og det uden is. De var enige om, at næste gang de havde nogle mønter, måtte de hellere stoppe dem i risten i "Mathis" sparegris end i kloakristen.

2.5 Ishockey

Da Erik var barn, var der altid frost i lange perioder om vinteren. Forud var næsten altid gået en periode med meget regnvejr, så når frosten rigtig satte ind, dannede der sig de fineste skøjtebaner på bøndernes marker rundt om byen.

Særlig fremragende var Vestergårds mark, lige bag ved fodboldstadion, fordi den var så lavtliggende, så der kunne danne sig en prægtig stor skøjtebane. Vi havde allesammen skøjter. De fleste af os havde nogle, der var gået i arv fra generation til generation, så ofte var de 3-5 numre for store og heller ikke så sjældent, var de tillige ræverøde af rust. Skøjterne var spændt fast på et par gummistøvler, som ofte tilhørte en af forældrene, så der måtte 2-3 par tykke strømper til, før støvlerne kunne holde sig nogenlunde på fødderne og benene.

Et stolt syn var det, alt i alt, og der skal ikke den store

fantasi til at forestille sig, at det ikke var den store ekvilibrisme, der blev udfoldet på skøjterne. Langt de fleste havde ingen træning i at løbe på skøjter, så konstant lå der en flok drenge og rodede rundt på isen, medens mange andre kæmpede en brav kamp, i de mest skæve og krogede stillinger, for at holde balancen på skøjterne.

Nu var det tid til ishockeykamp, så udover besvær-lighederne med at holde sig oprejst, skulle vi nu også have en stav i hånden. En næsten umulig opgave, for så snart tennisbolden kom rullende og skulle have et ordentligt drag over nakken, forsvandt skøjterne under én, og man røg til jorden med et ordentligt brag, og bagdelen blev blå og gul bagefter, så man kunne ikke sidde ned længe efter.

Erik var ikke nogen ørn til at løbe på skøjter. Når han kunne løbe ligeud, helt uforstyrret, gik det meget godt; men så snart han skulle dreje eller bremse, gik det som regel galt, og han måtte en tur ned og snuse til isen. Sådan gik det også den dag, hvor de allerede henne i skolen havde trukket lod om sammensætningen af i alt fem hold, der så skulle spille imod hinanden. De to hold, der havde scoret flest mål, skulle så spille finalen. Længe stod kampen lige; men da der manglede to minutter, fik Erik pludseligt en friløber. Erik løb så hurtigt, han kunne, halvt på siden af skøjterne og halvt på støvlesiden. Flere gange skred han ud og krabbede, halvt liggende, afsted med bolden.

Ud af øjenkrogen så han de to hurtigste af modstanderne nærme sig." Shit" tænkte han, det er også de to sikreste på skøjterne. Erik fyrede bolden af, svang staven for fuld kraft, ja med så megen kraft, at det ganske tog balancen, og skøjterne forsvandt under ham, og han røg på rumpen med et hult drøn, alt imens bolden blev liggende fuldstændig uberørt. Nu kunne de to modstandere, rappe på fødderne som de var, frit løbe afsted med bolden.

"Som at tage slik fra børn", tænkte Tommie og Thorleif, der i rasende fart nærmede sig deres mål for i fællesskab at blokere det dræbende skud, de havde forventet fra den klovn, der nu lå og sprællede på isen.

Det, de desværre for dem selv ikke havde forudset, var, at de løb sammen med det resultat, at de lå på ryggen og rodede rundt på isen som en mariehøne, der ikke ved egen kraft kunne vende sig om. Tommies højre skøjte borede sin skarpe forkant ind i hælen på Thorleif, der vred sig i smerte i et kæmpeskrig.

Pludseligt øjnede Erik en totalt uventet chance, han fik sig skovlet og skrumlet op på benene med bolden liggende lige for fødderne. Tommie og Thorleif lå sammenfiltret på isen, og der var ikke en eneste modstander i nærheden.

Vaklende og svajende, som en fuld mand, fik Erik svinget staven og ved opbud af de sidste kræfter, skulle han lige til at høvle bolden i kassen, da dommernes fløjte lød. Kampen var hermed afblæst og blev erklæret uafgjort. Thorleif var kommet slemt til skade med hælen og måtte under lægebehandling. Surt show.

2.6 Cykelbold

Imellem Jernbanestationen og Brugsen var der en stor asfaltbelagt plads, så lastbilerne kunne komme og indlevere varer. På begge bygninger var der, overfor hinanden og ud mod pladsen, en port, som var fuldstændig fantastisk til at udgøre mål i en sportsgren, som ikke var kendt i særligt vide kredse, men meget populær hos os, fordi det ikke krævede andet udstyr end det alle havde, nemlig en cykel og en bold. Cykelbold var en teknisk svær sport, idet bolden kun måtte skubbes til med hjulene, imens man holdt sig på cyklen. Så det krævede en fin balance at holde sig på cyklen. Det var nemlig ulovligt at sætte fødderne på jorden. For gjorde man det, blev man udvist, indtil et af holdene havde scoret et mål.

Vi havde næsten faste hold, nemlig et landshold og et byhold, og kampen blev som regel blæst i gang kl. tre om eftermiddagen. Dommer var en person, hvis cykel i øjeblikket var til reparation. Det var nemlig en ualmindelig hård omgang for cyklen.

Den sværeste kunst var at holde balancen på cyklen, når man skulle affyre et skud eller en aflevering. Hjulet skulle drejes i en bestemt stilling, og styret skulle løftes lidt og så skubbes tilpas. Ofte fik vi trykket for voldsomt, så baghjulet forsvandt under én, så man fik en gevaldig røvtur hen ad den hårde asfalt.

Ud af øjenkrogen så Erik, Claus fra byholdet komme farende for fulde gardiner, direkte mod målet, medens han begyndte at trække i styret, parat til at fyre bolden i kassen. Det var Claus, der lavede de fleste mål for byholdet, og hvis det lykkedes, ville de vinde for tredje gang i denne uge. Nej, tænkte Erik, denne gang skal det blive   løgn.

Erik fik hurtigt drejet cyklen i den rigtige retning og trådte i pedalerne, så bukserne var ved at revne. Han måtte hen og blokere, inden Claus fik fyret det sejrsgivende skud af. Erik havde så travlt, at han mistede et tråd i pedalerne, hvorved han mistede styringen af cyklen og bankede direkte ind i Claus, der var helt koncentreret om at affyre skuddet. Erik, Claus og deres cykler lå sammenfiltret på jorden, både for og baghjul var eksede, foruden at begge spilleres bukser var flænset op. Der ville næppe vanke megen ros til Claus og Erik, når de kom hjem til deres "gamle", med deres "lig" af en cykel plus de flænsede bukser, for at vise, hvor "dygtige", de havde været.

Og bolden, hvad skete der med den ved sammenstødet?

Jo, den trillede stille og roligt hen og lagde sig til rette op ad porten til 2-1 sejr til byholdet.

2.7 Krig

Når "Bondehæren" mødte "Byhæren", blev der kæmpet til blodet flød. Det gjaldt om at være Tylstrup-mestre. De to hære udgjordes af alle friske og kamplystne drenge i alderen 7 til 12 år.

Bondehæren bestod af alle drenge, som boede øst for Ålborg-Hjørring landevejen sammen med dem, der boede vest for jernbanestationen.

Byhæren var så alle dem, som boede i selve byen. Begge hære var udrustet med hjemmelavede træsværd og skjolde af træ, der oftest kun var et bræt af træ. Som hjelm bar de fleste blot en strikket tophue, som i sagens natur ikke ydede megen beskyttelse mod slag; men det var jo trods alt bedre end ingenting. Bondehærens anfører var Claus, som var søn af den lange banemand, Verner. Claus var 12 år og dermed 2 år ældre end Erik. Byhærens anfører var Tage, søn af Alfred og Stinne Jørgensen.

Kampene foregik hver onsdag kl tre om eftermiddagen, og krigsskuepladsen var den store græsmark syd for Ultvedgård.

Selve kamphandlingen blev indledt med, at de to anførere fløjtede til start og gik så ud på, at den ene hær skulle drive den anden tilbage, lige indtil de nåede åen, som var Lindholm å, der snoede sig fra Limfjorden ved Lindholm og indtil den Jyske Åes ved Klokkerholm, hvor kildens udspring var. Når den ene hær således stod med ryggen til åen, på skrænten af denne, kunne den bede om nåde og herefter overgive sig til fjenden. Fjenden skulle så afgøre, hvad der skulle ske med fangerne.

Det var ikke særlig ærefuldt, sådan at overgive sig, så der blev kæmpet til den bitre ende, og det var naturligvis, når den ene hær stod eller lå nede i åen. Som regel var der cirka tyve drenge på hvert hold, og hver enkelt kriger havde således en direkte modstander, han først og fremmest skulle nedkæmpe. Denne dag var ingen undtagelse, og Eriks modstander var en tre år ældre by-hær-kriger, som var meget større og stærkere. Erik blev presset voldsomt tilbage, medens han ud af øjenkrogen så, hvordan kampen bølgede frem og tilbage. Han måtte holde ud. Han kunne ikke være bekendt overfor kammeraterne, at de skulle trænges tilbage til åen på grund af ham. Nu så han, at også andre af hans holdkammerater, ja selv anføreren blev presset helt hen til skrænten. Åh nej, tænkte han, nu går det, som det plejer at gå, nu taber vi.

Han lagde alle kræfter i sin modstand; men lige meget hjalp det, overmagten var for stor. Med skrammer og sår over øjenbryn og næse måtte Erik og hans holdkammerater i det kolde åvand.

Erik slaskede hjem som den slagne kriger, med sår og skrammer og ligeså våd og beskidt, som én der lige var blevet trukket op af en af de kommunale kloakker. Bedste, som ikke kendte noget til den forudgående krigshandling, brød ud i et skrig, da hun så Erik. Hun troede, at han var blevet kørt over af en bil. Om aftenen blev Bedstefar sendt op til Alfred

Jørgensen for at indlede en våbenhvileaftale mellem Byhæren og Bondehæren. I alt fald kunne Erik ikke være soldat i Bondehæren mere.

2.8 Til fodbold

Da Erik blev 6 år, begyndte han til fodbold i Tylstrup Ungdoms- og Idrætsforening, TUI. Selv om det var en lille by, han boede i, kendte han næsten ingen af sine holdkammerater, for han var først lige begyndt i skolen to dage før. Han havde gået hjemme hos Bedste, siden han blev født.

Dengang (i 1958), var der ikke noget, der hed børnehave og vuggestue. For alle mødrene var hjemmegående for at passe deres lille pussenusse.

Vores fodboldtræner Poul Kristoffersen kendte ikke andre end sin egen søn, Bjarne, fra holdet, så da han skulle dele kampsedler ud, var det helt tilfældigt, hvem der fik.

Poul forvekslede navnene og gav Erik et i den tro, at det var ham, der hed Bent Tågård.

Dagen kom, da kampen skulle spilles, og det var Sulsted, de skulle møde. Erik var lidt flov over at skulle optræde for publikum og de andre spillere, så han lokkede Bedstefaderen med til kampen. Det gav ham lidt tryghed. Erik kunne slet ikke finde ud af at spille fodbold, så modstanderne løb direkte forbi ham hver gang og skød bolden lige i kassen. Det stod nu 15 - 0 til Sulsted, forfærdelig flovt. Nu kunne det næsten ikke gå værre denne dag, tænkte Erik; men det skulle snart vise sig, at det kunne det.

Det var midt i anden halvleg, og stillingen var nu 23 - 0, nej, hvor pinligt. Bolden løb ud over sidelinjen lige der, hvor Bedstefar stod og lænede sig forover rækværket.

Han havde selv spillet fodbold som ung, så han trak benet tilbage for at give "svesken" en ordentlig hyler.

Hvad han imidlertid havde overset var, at der under rækværket var en cementpille, som nu blev målet for Bedstefars spark, medens bolden lige så stille trillede ud mellem træerne. Bedstefar satte i et kæmpe hyl og humpede og hoppede ud af stadion for at cykle hjem.

To timer senere nåede Erik hjem, med en sæk på 29 - 0

33

på ryggen og meget spændt på, hvordan det gik med Bedstefars fod. Han sad i sofaen med benet højt hævet og en storetå i dobbelt størrelse og i alle regnbuens farver. Det var ligesom storetåen bevægede sig, så meget dunkede det i den.

Bedstefar kom på hospitalet og fik foden i gips. Så han måtte blive hjemme fra arbejde i otte uger, til han kunne få gipsen af igen.

Det var den eneste gang Bedstefar kom til fodbold for at se Erik spille. Han syntes simpelthen, at det var for flovt at vise sig på Tylstrup Stadion igen.

2.9 De røde tulipaner

Bedste havde i sin have en hel række med de blomster, som hun elskede mest af alt, tulipaner. Erik, der var fem år gammel, var også blevet glad for dem og særligt for de røde, og så var han meget glad for duften. Han satte tit næsen helt ned til kronen for at indsnuse den pragtfulde duft. En dag fik han taget for hårdt under kronen, så den gik løs. "Splitte mine bramsegl", tænkte Erik," nu får jeg ballade med Bedste". Så han forsøgte med alle midler at sætte hovedet på igen og så lade være med at fortælle noget om, hvad der var sket. Men ak, kronen hang på stilken på samme måde, som hovedet hænger på halsen af en mand, der har brækket nakken. Erik skyndte sig væk, så ingen fik mistanke om, at han kendte noget til mysteriet om det knækkede tulipanhoved. Dagen efter fik han knækket endnu et hoved af en tulipan, fordi han var for voldsom, da han skulle dufte, og han skyndte sig igen væk for ikke at blive opdaget. Om aftenen, da de var kommet i seng, hørte han Bedste sige til Bedstefar, at det var mærkeligt, at hovederne sådan faldt af tulipanerne. Monstro der var tale om sygdom i planten. Nå, nu måtte de jo se, om der kom flere løse hoveder de kommende dage. "Ha, ha", tænkte Erik, der var en rigtig drillepind, "i morgen skal jeg give dem noget at undre sig over". Dagen efter, da Bedstefar var taget på arbejde, og Bedstemor var i Brugsen for at handle ind, løb Erik ud i haven og plukkede hovederne af de to tulipaner, der stod i den anden ende, og glædede sig nu til, hvordan de to ville reagere, når de så det. Højlydt blev emnet diskuteret under aftensmaden. "Det er da helt uforståeligt", sagde Bedste, "det er ligesom, der er spøgelser om natten, der laver ballade". Erik frydede sig og tænkte:" I morgen skal jeg drille dem endnu mere". Dagen efter, da Bedstefar var taget på arbejde, og Bedstemor var gået i byen på kaffeslabberas, løb Erik ud i haven og flåede hovedet af de sidste fem tulipaner, der endnu havde hoved. Men Erik havde ikke set sig ordentlig for, Bedste var ikke gået i byen, men stod oppe på første sal med vinduet åbent og fulgte med stor interesse med i, hvad Erik foretog sig. Hun løb ned ad trappen ud i haven, indfangede Erik og gav ham et ordentligt klap i rumpen. I denne historie har du hørt om det eneste klap i rumpen, Erik nogensinde fik i hele sin barndom.

2.10 Haveriven

Det sidste Bedstefar gjorde hver aften, inden han gik i seng, var at kontrollere, at der var luft i begge hjul på cyklen, som han skulle bruge morgenen efter til at komme på arbejde. Erik, der var en meget nysgerrig dreng på fem år, fulgte levende med i, hvordan Bedstefar gjorde det. Først skruede han hætten af ventilen, så satte han cykelpumpen til og pumpede så luft i, indtil dækkene var hårde og fine, og til sidst trykkede han med pegefingeren i ventilen, indtil det sagde psst. Så var alt på plads og i orden.

En dag tænkte Erik: "Skal jeg prøve at hjælpe Bedstefar uden at fortælle ham det? Han bliver garanteret meget glad". Om aftenen gik Erik ind i værkstedet, skruede ventilen af forhjulet, satte pegefingeren ind for at høre det sige psst; men i stedet for faldt ventilen på gulvet, og luften fossede ud af dækket, indtil det til sidst var fladt som en pandekage. Erik skyndte sig op på værelset, før nogen fandt ud af, at det var ham, der havde været på forbudte veje. Erik blev vækket meget tidligt næste morgen ved et brøl fra Bedstefar, der stod og skulle på arbejde, men nu altså skulle til at lappe cykel først, troede han da. For det viste sig, at det var nok, blot at pumpe dækket op, meget mystisk. Erik tænkte, at han hellere måtte øve sig på Bedstes cykel, inden Bedstefader kom hjem. For så kunne han jo hjælpe ham samme aften med hans cykel, så han kunne være sikker på at kunne komme på arbejde dagen efter. Altså gik Erik ind og skruede hætten af ventilen, brugte pegefingeren, og der lød det psst, nøjagtigt som han havde hørt Bedstefaderen gøre. Bravo, han kunne altså finde ud af det. "Jeg må hellere lige prøve igen", tænkte Erik for at være på den helt sikre side, og bum, ventilen faldt af, og luften fossede ud." Nej ikke igen".

Da Bedstefar kom hjem, fortalte Bedste ham, at også hendes dæk var fladt, men sjovt nok også blev fint igen ved bare at blive pumpet op. Medens de stod og snakkede om det, gik Erik lige ud og kontrollerede Bedstefars cykel for dæktryk. Han løsnede ventilen og vip's, så faldt den af, og medens luften fossede livligt ud af dækket, trådte Bedstefar ind i værkstedet.

Erik tog flugten i fuldt firspring op ad havegangen med Bedstefaderen lige i hælene.

 Lige da han var ved at gribe i nakken på Erik, overså han en haverive, der lå med tænderne vendt opad, med det resultat, at han løb lige på den, og skaftet slyngedes lige op midt i panden på ham.

Bedstefar tog et tigerspring bagud og vågnede op i en hæk med en bule i panden på størrelse med et strudseæg og vildt forvirret over, hvor han mon befandt sig.

Efter at have ligget på sofaen i tre timer med en kold klud på panden og en bule, der nu blot var på størrelse med et hønseæg, havde han glemt alt om, at Erik skulle have haft en i rumpen for sin hjælpsomhed, og de kommer alle tre til at grine længe og inderligt af det imponerende tigerspring, han udførte.

2.11 Suppen

Hver dag til aftensmåltidet lagde Erik meget mærke til, hvad de fik at spise, og hvordan Bedste og Bedstefar spiste det.

Bedstefar elskede suppe, så det fik han meget tit. Når han fik det, foregik det på den måde, at Bedste hældte den skoldhede suppe op på en tallerken, og så læste Bedstefar avisen, medens suppen stod og svalede af, indtil den kunne spises. Så tog Bedstefar saltbøssen og hældte en passende mængde op i venstre håndflade og derfra ned i suppen. Derefter tog han peberbøssen og strøede dette direkte i fra bøssen. Alt dette havde Erik lagt mærke til, og han tænkte, at han kunne hjælpe Bedstefar med krydderierne, så han kunne sætte sig direkte til bordet og nyde suppen.

Han tog saltbøssen, hældte det ud i håndfladen og derfra ned i suppen. Det var ikke rigtigt til at se, at der var kommet noget i, så han gav det lige en omgang ekstra salt for en sikkerheds skyld. Derefter tog han peberbøssen og ville hælde en sjat i. Men da han vendte bøssen ind over suppen, faldt hætten af, og hele bøssens indhold røg ned i suppen. "Av, for den da", tænkte Erik, "Det hele er blevet kulsort nu. Hvad gør jeg nu, så Bedstefar ikke opdager det?"

Han skyndte sig at røre rundt i suppen med skeen, så det ikke var til at se, at der var kommet peber nok i til ti tallerkner suppe. Knap var han færdig med at røre rundt, før Bedstefar trådte ind i køkkenet med øjne, der strålede i forventning om snarlig indtagelse af den ret, som han elskede mest af alt. Erik tænkte:" Jeg smutter op på mit værelse, indtil der bliver roligt i huset".

Bedstefar fyldte skeen med den første gudemundfuld og lukkede øjnene i ren fryd og forventning. Stilheden og freden blev brudt af et brøl, som ikke var hørt magen til dette år, efterfulgt af at Bedstefar tilbragte de næste ti minutter med munden og halsen under vandhanen, for at slukke den største halsbrand i mands minde.

2.12 At lære at cykle

Erik var nu blevet 6 år, så det var på tide, at han lærte at cykle. Bedstefar havde skaffet en lidt for stor cykel; men hvis sædet blev skruet helt i bund, skulle han nok kunne nå pedalerne, specielt hvis han strakte ben og fødder godt, så kunne han nå pedalerne med tåspidserne. Styret var lidt højt; men hvis han løftede armene lidt, kunne han godt nå håndtagene. Alt i alt ikke de allerbedste betingelser for at lære at cykle; men Erik var ivrig for at lære det, så det skulle nok gå det hele.

Det var normalt Bedstefar, der skrubbede og hjalp med at styre, men så måtte Erik vente til klokken halv fem, når Bedstefar kom hjem fra arbejde, og det havde han ikke altid tålmodighed til.

Vejen han boede på hed Hedensvej, og gik fra Ålborg-Hjørring landevejen i den ene ende og ned til gården "Heden" i den anden ende. Det var en markvej med træer og grøfter i begge sider og marker hele vejen, undtagen der, hvor de i alt fire huse lå. I nr. 2, lige overfor os, boede Dagny og Christian, kaldet "Gnisten". De havde en datter på 13 år, der hed Bitten. I nr. 5, lige ved siden af os, boede Katrine og Søren, kaldet "Hungersnød". De havde en datter på 14 år, der hed Hanne.

Erik elskede, når han kunne lokke de to, i hans øjne meget store piger, til at skubbe sig og til at hjælpe med at styre den uregerlige cykel.

Det gik meget fint nogle gange; men en dag, da Bitten og Hanne igen skulle hjælpe ham, hørte Erik, hvordan de hviskede og tiskede og grinede og fniste. Erik tænkte ikke over det, men asede og masede i hurtigere og hurtigere tempo. Pludseligt gav Bitten et riv i styret, og Hanne gav et vred i bagagebæreren, og Bump lå Erik på hovedet i bunden af grøften med et ordentligt brag. Erik fik efter et stykke tid, stablet sig, stærkt fortumlet, på benene.

Han havde halm, strå og mudder i øre og næse og hår. Han lignede en soldat, der var på efterårsmanøvre. Alt

44

sad skævt på ham, og møgbeskidt var han. Henne bag et træ kunne han se og høre de to piger, der grinede, så de var lige ved at brække sig.

Forslået og forvirret slæbte Erik cyklen hjem. Han satte den ind i baghuset, hvor den kunne stå og skamme sig.

Tænk sig at opføre sig, som en vild hest der bare smider sin rytter af.

To måneder senere havde Bedstefar skaffet en mindre cykel, så efter ganske kort tid havde Erik lært at cykle.

2.13 Hovedstødet

Erik var målmand på miniputholdet i Tylstrup. Vi er 58 år tilbage i tiden, så kampene foregik på de samme baner, som de voksne spillede på, og for målmanden foregik det altså også på de store mål. Ikke ligefrem nogen nem opgave for en lille mand i sådan et stort mål.

Der var særligt tre klubber, som Erik hadede at møde, fordi Tylstrup fik store klø, hver gang de mødte dem, og det var Vadum, Vodskov og Sulsted.

På hvert af de tre hold var der én speciel spiller, der scorede mange mål, særligt ved at skyde bolden i en stor blød bue over Erik. For Vadum var det den meget kraftige og bredskuldrede Peter Jensen. For Vodskov var det den helt hvidhårede krøltop Morten Nielsen, og for Sulsted var det den meget høje frontløber Knud Erik Mortensen.

Det var meget svært for Erik at undgå, at der blev scoret et hav af mål. For målet var stort, og der var højt til overliggeren. Blot var der én ting, der nagede ham meget, og det var, når der blev scoret mål på hovedstød efter hjørnespark. Han var trods alt målmand og måtte tage bolden med hænderne, så når han strakte armene i vejret, måtte han da kunne forhindre, at nogen kunne hoppe højere og nå at støde til den med hovedet, før han fik næven på.

Han følte sig meget flov, når noget sådant skete, så der måtte findes en måde, at undgå det på. Det var særligt Knud Erik, der var god til hovedstød, så næste gang de skulle møde Sulsted, tænkte han: "Nu skal jeg vise ham, at mig løber han ikke om hjørner med".

Hjørnesparket kom, og bolden blev lagt i en blød bue, lige ind i panden på Knud Erik, som havde spændt nakkemusklerne og lige skulle til at støde den i kassen, da PUH, han fik et ordentligt fur i siden og blev slynget til jorden. Der blev dømt straffespark, og Erik fik det røde kort for sin meget dårlige opførsel.

Dette var altså ikke måden at løse problemet på, så da de mødte Sulsted næste gang, opførte han sig meget pænt.

Et stykke ind i anden halvleg blev der hjørnespark til Sulsted igen. Knud Erik havde denne gang taget opstilling inde midt i klumpen af en masse med- og modspillere, da Erik fik den blændende idé at stille sig lige op af ham, lige midt i klumpen. Da bolden kom svævende i en blød bue, og Knud Erik skulle til at sætte sit hovedstød ind, tog Erik fat i hans buksekant, og med et snuptag rev han bukserne af ham. Knud Erik glemte alt om hovedstød, stod med rumpen fuldstændig bar og råbte til dommeren så højt han kunne om straffespark og udvisning.

Dommeren kunne imidlertid ikke se noget midt i den store flok, og fordi Erik råbte, at blot fordi Knud Erik ikke kunne finde ud af at snøre sine bukser, kunne der da ikke dømmes noget. Det var dommeren enig i, så Erik jublede højlydt over, at han havde fået has på Knud Erik, medens denne luskede ud af banen, ildrød i hovedet over sådan at have været til offentlig skue med rumpen fuldstændig bar.

2.14 Skakspillet

Bedstefar elskede at spille skak og var også meget dygtig til det. Han gik i skakklub i Tylstrup og tog også tit til Ålborg og til Hjørring for at møde de bedste modstandere fra hele Vendsyssel.

Men det var ikke nok for ham, så der kom meget tit klubkammerater fra Tylstrup skakklub på besøg, og så blev der spillet skak, drukket kaffe og røget cigarer til den store guldmedalje.

I dag var der besøg af Harald Jørgensen, der var gårdejer fra Stenisengene lige uden for Tylstrup.

Erik, der var 1 år gammel, syntes det var sjovt med alle disse besøg, så kunne han kravle op af buksebenene og rigtig blive dikke-dikket i nakken af alle de forskellige mænd, der kom på besøg. Denne dag var altså ingen undtagelse, så Erik kravlede livligt rundt under bordet. Harald sad mæt og tilfreds, overvejende det næste skaktræk, og i rent velvære vrikkede han ivrigt med højre storetå.

Pludselig blev fristelsen for stor for Erik, han havde fået to tænder i overmunden og to i undermunden og flere tænder var på vej, så gummerne kløede helt forfærdeligt. Hvor ville det være pragtfuldt at få gnubbet gummerne.

Haps, så sad Eriks fire tænder i Haralds storetå. Harald sprang op fra stolen og rev alle skakbrikkerne af brættet.

Skakkampen måtte afbrydes denne aften uden vinder i en skøn blanding af en øm tå og et kæmpe latterbrøl.

2.15 Brillerne

Det var det skønneste vejr med høj sol og en fuldstændig blå himmel. Bedste og Bedstefar og et par naboer sad rundt om et havebord og drak kaffe og spiste kringle, som Bedste lige havde bagt med snask og nødder i. Det var næsten ikke til at stoppe igen med at hugge i sig af denne lækkerbisken.

Erik løb og legede med en tennisbold, som han skiftevis kastede til de kaffedrikkende. Der var efterhånden ingen af dem, der gad at lege med ham mere, så han fandt nu på at kaste bolden i en høj blød bue over bordet, for så at løbe af fuld kraft over på den anden side af bordet, og gribe bolden, inden den ramte jorden. Én af gangene han lavede legen, fik han foden viklet ind i stolen, som nabokonen Dagny sad på, og det var kun med nød og næppe, at hun undgik at blive slynget til jorden ved at gribe fat i bordkanten, hvorved hun fik to kopper skoldhed kaffe ned i skødet.

Erik blev nu sendt langt væk fra bordet, så han ikke kunne lave flere ulykker. Det varede dog ikke længe, før han kedede sig, og han fik nu øje på alle de bare nakker og fik den idé, at løbe forbi hver enkelt, kaste bolden mod nakken og gribe den, inden den ramte jorden.

Det lykkedes fint, han greb bolden hver gang og dén, der blev ramt i nakken, gav et fint lille nik og måtte bagefter rette på briller og gebis og måtte tørre en spildt kaffetår af fra hagen og fra dugen.

Det hele blev pludseligt for meget for Bedstefar, så da bolden lidt efter røg til jorden, skyndte han sig at snuppe den, for nu skulle Erik selv få kærligheden at føle med et ordentligt dunk i nakken. Men Erik lod sig ikke ramme frivilligt, han løb rundt om bordet for på den måde at opnå dækning for kastet. "Nu", tænkte Bedstefaren, nej, han var i dækning alligevel. Nej, ikke igen; men så kom Erik ud i det åbne område, og Bedstefaren lagde kræfterne i og kastede for fuld kraft bolden efter ham. Stor var hans glæde, da han hørte boldens blop, den havde ramt rent plet. Nu kunne han lære det, den frække knægt. Desværre var det ikke Erik, men Bedste han havde ramt og dét lige på næsen. Så hun lå på jorden med dugen og kaffe og kage i skødet og med et par briller, der var delt lige over på midten.

Erik, ja han var ligeså stille lusket bort og op på sit værelse.

2.16 Lagkagen

Erik spillede i spejderorkestret, også kaldet "Papa Rex's messingband". Da han lige var startet i orkestret, måtte han, som det nyeste og yngste medlem, slå på bækken, der var som to kæmpe tallerkner, man skulle klaske mod hinanden og det vel at mærke på det rigtige tidspunkt. For det gav et kæmpebrag, når man klappede de to tallerkner sammen.

Først skulle orkestret marchere igennem hovedgaden i Tylstrup, imens det spillede ti numre for hornorkester. Koncerten skulle så slutte i Indre Missionshuset med et par numre her.

Erik sad afslappet og lettet midt blandt de øvrige orkestermedlemmer, alt var nemlig gået efter planen. Han havde kun skullet klappe lågerne sammen cirka ti gange på hele aftenen, og alle gangene havde det været på det helt rigtige tidspunkt. Han kunne nu slappe af og glæde sig til den forestående belønning i form af sodavand og lagkage. Uhm, den lagkage så godt nok lækker ud, med jordbær, chokolade og et mægtigt lag flødeskum i toppen.

Fadet med lagkagen begyndte at vandre fra hånd til hånd; men Erik syntes, at det tog en forfærdelig tid, før den nåede frem til ham. Nå, nu var den der endelig, og hvad skete der? Lagkagen var blevet sideskæv, fordi alle havde taget af samme side, så da han ville tage et stykke, gled den stille og roligt fra fadet, vendte sig rundt og lagde sig til rette i skødet på ham.

Papa Rex kom tililende for at give en hånd med, og det kan man roligt sige, at han gjorde, for han fik skubbet kagen ned på det nybonede gulv, hvorfra den kurede hen og snoede sig om benene på trompetisten, Poul Jørgensen, søn af Alfred og Stinne Jørgensen.

Det blev et kæmpe oprydningsarbejde, og Erik forlod missionshuset, ildrød i hovedet efter denne sin første offentlige optræden med spejderorkestret.

2.17 Seddel med hjem

For 60 år siden skulle alle mennesker have morgenbrød om søndagen, rundstykker, franskbrød og wienerbrød. Det kunne man dengang kun få hos bageren. I Tylstrup var der dengang to af slagsen, Hans Poulsen, som vi handlede hos, og som Bedste og Bedstefar kom privat sammen med, og som Bedstefar i øvrigt også spillede skak med. Og så var der Hans Nissen, som havde et noget større bageri på den anden side af hovedgaden, Luneborgvej.

Bager Nissen manglede et bagerbud til at bringe morgenbrød ud om søndagen. Det var Eriks ønskejob, for dels var han en slikmund, der her havde mulighed for at spise alle de kager, han havde lyst til, og dels kunne han tjene penge, hvilket jo også var rart. Hertil kom at bagerkonen altid gav Erik en smørkrans med hjem, når han var færdig med ruten, hvilket ikke mindst glædede Bedste, der også var en stor slikmund.

Erik kørte med morgenbrød mange søndage, og han blev efterhånden meget gode venner med bager

Nissen. Meget tit gik han forbi bageriet på vej hjem fra skole. Det var lige på den tid af dagen, da der blev lavet konditorkager. Her fik han en rigtig mandfolkesnak med Nissen over en Kai kage eller en Napoleonshat.

En dag fortalte Erik, at han havde fået en seddel med hjem fra skolen, om at Erik ikke kunne sidde stille i timerne, og at han heller ikke kunne holde sin mund, men sad og kommenterede alt imellem himmel og jord. Sedlen skulle så underskrives af hjemmet som et tegn på, at man nu havde undervist den formastelige i, at man ikke sådan hele tiden kunne afbryde læreren, bare fordi man ikke kunne sidde stille i timen. "Den er jeg ikke glad for at vise den gamle, han bliver fuldstændig tosset", sagde Erik.

"Giv mig sedlen, så skal jeg skrive den under", sagde Nissen, "og hvis du får flere i fremtiden, så bare kom herhen i bageriet, så skal jeg skrive dem under. Jeg kan i forvejen ikke fordrage skolelærere". Erik gik fløjtede hele vejen hjem. Det var godt nok dejligt, at han var fri for at blande den gamle ind i det her. Sådan gik det godt i lang tid, og Nissen skrev under på mange sedler.

I skolen undrede man sig over, at der ikke skete nogen forbedring, når man nu, så villigt, havde skrevet under på alle de sedler, Erik havde haft med hjem.

"Du må da have fået skrivekrampe af alle de sedler, du har skrevet under Jens", sagde lærer Laursen til Bedstefar, da han var på besøg for at spille skak hos Bedstefar. "Hvad er det for sedler? " sagde Bedstefar, og Erik blev tilkaldt fra sit værelse for at forklare, hvordan historien hang sammen. Ildrød i hovedet måtte han indrømme, at det altså var bager Nissen, der havde skrevet under på alle sedlerne.

Dette var begivenheden, der gjorde, at Erik begyndte at høre efter og at sidde stille i timerne, som en rigtig artig dreng.

2.18 Bananskrællerne

Erik elskede at skrive nummerplader i et kladdehæfte. På landevejen mellem Ålborg og Hjørring kørte der mange biler, og også en hel del med udenlandske numre. Han sad så i en grøft tæt på, hvor han boede. For landevejen gik lige igennem Tylstrup. Når der var langt imellem bilerne, øvede han sig på at lære de numre udenad, som han lige havde skrevet ned.

En dag havde han sin lillebror Knud med. Han var ikke helt så interesseret i bilnumre, men havde ladet sig lokke med, fordi Erik havde en hel klase bananer med, som de kunne dele, så de ikke kom til at kede sig alt for meget.

De satte sig i grøftekanten med god benplads, som var særlig påkrævet, da Knud havde en skinne på hele venstre ben, fordi han fik dårlig hofte som lille.

Nu kom der en bil med tyske nummerplader, så en fra Norge, så en dansk fra Århus, en fra Silkeborg og en fra Fyn, og sådan fortsatte det et pænt stykke tid. Tålmodigheden og interessen var efterhånden begrænset, og drengene fandt på at vinke til bilisterne. Bilisterne var flinke til at vinke igen; men der kom alligevel nogle, der ikke vinkede igen. Erik og Knud blev enige om, at hvis der kom en bil fra Tyskland, som havde et 3-tal som det sidste tal, og som ikke vinkede, så skulle de have en særlig hilsen, men hvilken? De skulede begge ned i det kæmpebjerg af banaskræller, der havde hobet sig op. Alle bannerne var nemlig spist. De måtte tålmodigt vente et stykke tid, men pludseligt var den der.

En tysk bil med sluttallet 3 viste sig i horisonten. Så sagde de til hinanden: "Lad os nu få lidt sjov i gaden".

De stillede sig helt ud i vejkanten, hver bevæbnet med fem bananskræller i højre hånd, medens de ivrigt vinkede med venstre hånd. Chaufføren reagerede med at trykke hornet i bund i stedet for at vinke, så sagen var helt klar for Erik og Knud.

Bananskrællerne haglede ned over bilens forrude, som var det en kæmpe haglbyge, der faldt. Chaufføren bremsede, så det hvinede, men væk var drengene. Tværs over vejen ind i Jens vejmands have, igennem hækken til Aksel Thomsens have, i fuld firspring igennem hækken til Marinus Svendsens have og endelig på tværs igennem hækken til Bedste og Bedstefars hus.

Det støvede i det varme tørre vejr, så man ikke kunne se et øje for sig, og så larmede det voldsomt fra Knuds stålskinne, hver gang han kastede benet et skridt frem. Larmen og støvet havde ledt chaufføren på sporet af drengene, så de kunne høre, at han nu stod og udspurgte Marinus Svendsen, der var blevet vækket af larmen midt i sin middagssøvn, og nu fortumlet stod midt på gårdspladsen uden at ane, hvad der foregik. Men fordi han ikke forstod tysk, og tyskeren ikke forstod dansk, kom der ingen opklaring ud af det.

Erik og Knud slap med skrækken og kunne nu dukke frem fra deres skjulested, og pulsen var da faldet til ro igen. Om aftenen hørte de, hvordan Marinus Svendsen over hækken, fortalte Bedstefar om den ubehøvlede tysker, der stod og skreg og råbte, så han blev vækket af sin middagssøvn. De troede efterhånden, at de ejede det hele, de tyskere, blev de to enige om. Hvis de ville komme her til landet som turister, så måtte de lære at opføre sig ordentligt, mente de om sagen. Knud og Erik trak på smilebåndet, men sagde ikke et ord til nogen.

2.19 Døgnboksen

Erik var tit oppe i byen for at handle sammen med sin bedstemor. Han havde ofte lagt mærke til, at når forretningerne lukkede, kom en af ekspedienterne listende med en lille pakke i hånden, trak i et håndtag, der stak ud af muren ved sparekassen, for til slut at lægge deres pakke i en skuffe, der kom frem ved dette træk. Derpå trak de i håndtaget på ny og vupti, pakken forsvandt fuldstændigt ned i dybet.

Erik var meget imponeret af indretningen og besluttede sig for at undersøge det nærmere.

En aften gik han hen til håndtaget, trak hurtigt ud og gloede ned i et sort hul. Han skulle lige til at stikke armen ned for at undersøge skuffen nærmere, da en dyb mandsstemme bagfra lød: "Hvad laver du her knægt? Det er ikke legetøj, det er en døgnboks, som forretningerne putter penge i". Erik trak sig tilbage, men nåede at høre bumpet, da den pakke, manden havde puttet i, ramte gulvet inde i banken. "Øh, det må jeg prøve", tænkte Erik.

Da han gik hjem fra skole næste dag, havde han medbragt et par gamle aviser, som han havde pakket ind i en tredje avis. Han gik hen til boxen, kiggede sig hurtigt omkring. Nej, der var ingen, der så noget. Hurtigt ud med lågen, ind med pakken og øret til muren for at høre bumpet. Nej, ikke en lyd, pakken må have været for let. Hvad gjorde han nu? Han kiggede ned og fik øje på en tung isblok lige i den rette størrelse. Der kunne vel ikke ske noget ved at smide den ind. Den kunne jo lande lige oveni aviserne. Han slap isblokken og bump, det gav et ordentligt brag inde på gulvet.

Ovre fra den modsatte side af Luneborgvej havde manufakturhandler Jørgen Kragelund stået og set, at nøjagtig den samme uartige knægt, som han havde taget på fersk gerning i at stå og rode i døgnboxen dagen før, var den samme, som nu havde stoppet boxen fuld af is og sne. Han løb for fuld kraft over i banken, vildt råbende, at de skulle skynde sig at fjerne alle pengesedlerne, før de blev ødelagt af isen, der smeltede.

Bedstefar var meget flov, da han blev tilkaldt for at tage sig af opdragelsen af den uvorne knægt, der var så tryllebundet af døgnboxen, at han slet ikke kunne lade den være i fred. Men han var mindst ligeså stolt over, at Erik var så nysgerrig efter at finde ud af, hvordan systemet fungerede, at han slet ikke kunne holde fingrene fra døgnboxen.

2.20 Braget i Als, Himmerland

Erik var sammen med kusine Annie på besøg hos Knud, der boede i Als i Himmerland. De tre kedede sig lidt og daskede rundt i byen i langsomt tempo, fordi Knud havde skinne på venstre ben efter at have været indlagt på hospitalet i lang tid på grund af dårlig hofte. Det var en drøj tur op og ned ad vejen, der gik stejlt opad til toppen, hvor Knud boede.

På deres tur rundt kom de forbi Brugsen, der lå helt nede for foden af "Bakken", som vejen hed. Inde på lageret kunne de se, at der lige var kommet friske forsyninger af sodavand og flødeboller, Uhm, var der nogen, der var slikmunde, så var det lige nøjagtigt de tre.

Havde der bare ikke været den høje rampe, som lastbilerne lige kunne komme og læsse dens varer af på, så havde de kunnet gå lige ind og tage hver sin sodavand og flødebolle, og det ville brugsmanden slet ikke lægge mærke til, så mange han i forvejen havde af dem.

De gik videre, men tanken om de lækre mundfulde blev stærkere og stærkere, så de vendte snart om for nærmere at undersøge, om der dog ikke fandtes en mulighed, for at få fat i "guffet". De stod nu foran rampen og kiggede ind. De kunne nå rampen med albuerne, så de besluttede sig for at forsøge at hive sig op på albuerne og så svinge benene kraftig under rampen, for at få mere kraft på, og så på den måde svinge sig op.

Første forsøg mislykkedes, men det var tæt på at lykkes, så de blev enige om at prøve igen, Denne gang ved at svinge benene endnu kraftigere. Annie blev sat til at holde øje med, at brugsmanden ikke lige pludseligt dukkede op, mens Knud og Erik så skulle svinge sig op på rampen. Svinget blev stort og flot. De kom langt ind under rampen, men i stedet for at få et stort sving, lød der et brag, de ikke havde hørt magen til det år i Als. Inde under rampen var der nemlig et kæmpe stort vindue, og det havde Knud banket sin skinne imod, da han lavede kæmpesvinget.

Ned af rampen og i fuld fart gik det, det støvede, som var det et helt hestekavaleri, der red forbi. Da de havde nået toppen af Bakken, stillede de sig op og kiggede ned mod Brugsen. De lagde mærke til, at mange mennesker var kommet ud af husene og stod og snakkede om den store eksplosion, der havde været.

"Forhåbentlig var der ikke kommet nogen til skade", hørte de folk sige.

Annie, Erik og Knud sagde ingenting, og de glemte helt at tænke på sodavand og flødeboller resten af den dag.

2.21 Maleriet

Hver aften i vinterhalvåret, når Bedstefar havde spist aftensmad, blev køkkenet ryddet og forvandlet til et atelier. Malerlærredet blev stillet op ad væggen, og køkkenbordet blev fyldt af tuber med maling i alle regnbuens farver, pensler, klude og terpentin til at rense penslerne med og så til sidst et stort bræt med en masse forskellige farver, der kunne blandes for at få lige nøjagtig den farvenuance, som Bedstefar ønskede sig.

Så blev den største pibe stoppet med tobak og tændt og i de næste tre timer, var der intet, der kunne forstyrre Bedstefar.

Erik stod tit og kiggede på, og når Bedstefar kiggede den anden vej, satte Erik tit en finger på brættet og kørte rundt i farverne, og hvis han blev opdaget, tørrede han hurtigt fingeren af bag på bukserne.

Bedstefars malerier var meget populære, hele familien havde flere af dem hængende. Arbejdskammerater og naboer købte en del af malerierne, og han havde senest fået en bestilling fra Elna og Knud, som boede i huset, der stødte op til vores have. Aftalen var, at Knud skulle hente billedet næste dag lige efter spisetid. Bedstefar malede løs og manglede nu kun det øverste venstre hjørne, hvor lærredet var hvidt og kun lige manglede en blå stribe himmel, da Bedste råbte: "Jens, nu kommer den svenske krimi".

"Åh, jeg kan lige nå at lave de par strøg i morgen", tænkte Bedstefar og pakkede malergrejet sammen.

Næste eftermiddag ringede Bedstefar hjem, om at han var blevet forsinket, så Bedste måtte lige udlevere maleriet til Knud, der kom lige efter spisetid. "Den er gal", tænkte Erik. "Vi kan ikke give Knud et billede, der er hvidt i venstre hjørne", så han fandt malergrejet frem, dyppede penslen i blå maling og smurte et tykt lag på. "Hovsa", det var sørme en hel sort farve, han havde smurt på og ikke en blå. Erik skyndte sig, at hælde lidt terpentin på og så et lag hvidt ovenpå, så var der ingen, der lagde mærke til det.

"Hvor er det dog dejligt sådan at kunne hjælpe", tænkte Erik, da naboen Knud gik afsted med maleriet.

To dage senere bankede det kraftigt på hoveddøren. Det var Knud, der var vendt tilbage med maleriet i højre hånd. "Jeg vil have mine penge tilbage. Det her er noget forbandet svineri", sagde han. En bred, hvid stribe var løbet hele vejen fra øverste venstre hjørne og helt ned i bunden af maleriet. Knud fik sine penge tilbage og gik med ordene om, at han aldrig ville handle med sådan en svindler nogensinde igen.

Bedstefar satte sig hovedrystende ude af stand til at forstå, hvordan dette kunne ske. Det var da ligegodt aldrig sket for ham før. Så kom han efter, at han havde glemt at male det hjørne, der nu var årsag til hele balladen.

"Lad lige mig se brættet", sagde Bedstefar, og han kunne med det samme se, at "nogen" havde blandet sig, og han vidste med det samme, hvem denne "nogen" var. "Erik", råbte han højt. Erik havde i mellemtiden taget flugten op på sit værelse og havde trukket dynen op over hovedet, så da Bedstefar kiggede ind for at give Erik århundredes skideballe, så det ud som om han sov, og ingen nænnede at vække ham.

2.22 Biologitimen

Klassen skulle have biologi og fru Jensen, vores lærer, som var en meget klejn og spinkel kvinde med en meget høj og skinger stemme, og som lige var startet i vores 3. klasse, syntes, at det kunne være en god idé, at vi brugte timen ude i naturen, medens vejret var så godt.

Vi gik ned i anlægget, hvor der var et gadekær med skrubtudser, vandinsekter, haletudser og frøer." Kvak, kvak, kvak", sagde de. Hver enkelt elev havde et fiskenet og fyldte lystigt i det store akvarium, som de havde medbragt for at hjembringe den store fangst.

Akvariet var blevet godt tungt, så der skulle et par stærke drenge til at bære det. Det blev Helmer og mig, der blev de udvalgte til den opgave, og med stor stolthed tog vi fat i hver sin ende af akvariet og begyndte hjemmarchen mod skolen. Det gik noget i zigzag, for der var mange nysgerrige kammerater, som skulle tæt på for at beundre fangsten, hvorved de kom så tæt på, at akvariet svajede, og der skvulpede vand ud over fortovet, hvor de gik.

De nåede velbeholdne op på hjørnet af vejen, der førte hen til skolen. Da var Erik blevet så træt af at blive kildet i siden uden at kunne gøre noget, fordi han jo skulle holde under akvariet med begge hænder.

Lige da de gik om hjørnet, så Erik sit snit til at give Tommie et ordentligt spark bagi. Han forfejlede imidlertid sit spark, mistede balancen, og akvariet gled lige så stille ud af hænderne på ham. Glas, vand, frøer og haletudser flød rundt på gaden i en stor sø. Men larmen fra Akvariet, der ramte jorden, var for intet at regne mod skrigeriet fra fru Jensen, der skreg Erik ind i øret, at han var en forbistret knægt, som man ikke kunne overlade noget til, uden at der skete ulykker med det samme.

Erik fik en eftersidning, hvor han skulle skrive på tavlen 100 gange: "Jeg skal koncentrere mig i stedet for at fjolle".

Næste gang de fik karakterbog, fik Erik "ikke

tilfredsstillende i biologi" med følgende bemærkning: "meget kraftig forbedring ønskes, såvel fagligt som med hensyn til opførsel".

2.23 Bagerbud

Bagermester Nissen var Eriks bedste voksenven. Han og konen Åse havde selv to sønner; men de var tyve år ældre end Erik, så han blev forkælet, som var han søn af huset.

Da Erik startede sin "erhvervskarriere", var han kun ni år, så han var fra begyndelsen genert, forsigtig og tilbageholdende; men det forstod bagerparret at behandle, så han følte sig meget glad hver gang, han skulle på arbejde.

Han skulle møde kl. 5.30 hver søndag morgen, så Bedste kaldte på ham kl. 5, og det var godt nok meget tidligt for en lille mand og i særdeleshed om vinteren, hvor det var meget mørkt og koldt så tidligt på dagen.

Kl. 6 var der afgang med alle de poser morgenbrød, som folk havde bestilt i ugens løb. Fru Nissen havde pakket alle poserne og sirligt lagt dem i orden, så Erik kunne køre direkte ud på ruten med dem.

Den halve time, som han havde før turen, gik han og snakkede med bager Nissen og Ib Gregersen, der var bagerlærling, og som overtog bageriet, da Nissen gik på pension. Selvom det var meget tidligt på dagen, kunne Erik ikke modstå de lækkerier, der i hastigt tempo blev hevet ud af ovnen, så han var særdeles godt fodret af, når han begav sig ud på ruten.

Når Erik to timer senere vendte tilbage fra sin rute, var han 37 øre rigere fra to steder, hvor han fik drikkepenge. 12 øre fra H.C. Andersen på hjørnet af Vestergårdsgade og Langesvej, og 25 øre fra Harald Eskildsen fra bag biografen og på hjørnet af Nygade. Én dag var der nybagte kransekager, da Erik nåede hjem fra ruten. Nej, en gudespise. Der smuttede hurtigt et par stykker ned. Da den tredje var på vej ned, mærkede Erik et stik i halsen. Han skyndte sig at spytte ud, og sammen med resten af de to foregående kransekager fløj en hveps ud af halsen på ham. Øjeblikkeligt blev Erik kørt til lægen, dr. Dall på Gl. Vråvej, der kunne konstatere, at stikket ikke havde ramt en blodåre, men kun noget blødt kød i halsen. Han fik noget modgift og mere skete der ikke.

Det Erik lærte var, at tage den lidt mere med ro selvom alle verdens mest fantastiske fristelser blev serveret på et sølvfad.

2.24 Avisbud

Erik havde været bagerbud i to år og var nu blevet 11 år gammel. Lige gammel nok til at blive avisbud, hvor han kunne tjene nogle flere penge. Til gengæld skulle han nu afsted på cyklen hver eneste dag, seks dage om ugen, hvor han som bagerbud kunne nøjes med én dag om ugen.

Fyrre aviser skulle han dele ud, og det var ikke alle steder, det var lige nemt at komme til at aflevere avisen.

Det var før postkassernes tid, så han skulle helt ind til huset for at stoppe avisen igennem brevsprækken. Nogle af brevsprækkerne var meget stramme, så man havde valget i mellem at få revet forsiden af avisen i stykker eller at få flået skindet af tommel- eller pegefinger, når avisen skulle proppes ind. Medens andre af brevsprækkerne var så slappe, at de var ved at falde af ved den mindste berøring.

Avisruten gik også udenfor byen og ind på gårdspladsen ved nogle bondegårde, hvor de altid havde en stor og arrig hund. De fleste steder stod gårdmandskonen klar til at tage imod avisen eller i hvert fald til at kalde på hunden. Enkelte steder var der også bare en fredelig Labrador hund, der kørte voldsomt med halen og kun ventedende på, at man skulle komme og klø den i nakken.

Ét enkelt sted var der en lænkehund, og det var en forfærdelig bidsk og aggressiv hund. Det var Eriks største skræk, hver dag at skulle komme her. Dog havde han en aftale med bondekonen om, at der altid lå en frikadelle på en tallerken ved indkørslen. Den skulle Erik blot tage og smide i den modsatte retning af brevsprækken, så ville hunden glemme alt om avisbuddet.

Hver dag smed Erik frikadellen til hunden, og idét han cyklede ud af gårdspladsen, rakte han tunge og skar grimasser af hunden.

Én dag, hvor han var kommet sikkert ud fra gårdspladsen, mærkede han ligesom en varm ånde mod sit højre ben. Han kiggede sig tilbage, og ganske rigtigt, det var hunden, som havde revet sig løs.

Lynhurtigt snuppede han en avis fra tasken og gav hunden et velanrettet slag over snuden. Hunden peb og stoppede op nok til, at Erik kunne tage et par pæne tråd i pedalerne, så han kunne komme på pæn afstand af rovdyret.

Han ville lige være på den sikre side og kiggede sig tilbage. Gisp, utysket havde genoptaget forfølgelsen og var nu kun ganske få meter bag ham. Erik trådte og trådte, imens han kiggede bagud. Pludseligt mistede han kontrollen over cyklen og styrede i fuld fart lige ned i en grøft fyldt med vand. Hunden var på vej i grøften efter Erik, for at give ham en velfortjent straf for alle grimasserne, da den blev anråbt af et højt skrål fra bondekonen. Den drejede øjeblikkeligt rundt og forsvandt hjem til bondegården.

Erik kunne nu, drivvåd, sjoske hjem med tasken fuld af fem aviser, der ikke blev delt ud dén dag.

2.25 Vandværksmuren

"Nu løber I ikke ned på Stadion, så får I en på skrinet og så en eftersidning oveni".

Det var lærer Bøckhausens formaning til os, da vi stod omklædte og med pumpet fodbold skulle spille fodbold i gymnastiktimen.

Vi havde naturligvis ikke tid til at vente, så det gik i fuld galop for at komme ned på stadion og knalde til "svesken".

Der blev pustet i fløjten af lungernes fulde kraft, og læreren var så rødhovedet, forpustet og stakåndet, at han knap kunne fremstamme, "op at stå på een række langs vandværksmuren. Havde jeg ikke sagt, at I ikke måtte løbe, så nu må I tage følgerne".

Slagene haglede ned over de formastelige, og kindernes farve ændredes fra hudfarvet til ildrød. Bang, så fik Tommie en, bang, så var det Jens.

Erik så ud af øjenkrogen, hvordan manden med møllesvinget kom nærmere og nærmere. "Det skal blive løgn", tænkte han.

Så faldt slaget, trukket helt nede fra hoften og med ekstra kraft. For her stod læreren jo overfor den elev, der var anfører for løjerne, var han sikker på.

Med en lynsnar bevægelse dukkede Erik hovedet ned under den susende hånd, der i rasende fart fortsatte ind i den ru vandværksmur.

I et smerteskrig trak Bøckhausen sig tilbage med det indvendige af hånden hængende i blodige trævler og håndledet strittende skævt ud fra armen.

Andre elever fortalte skoleinspektøren om episoden, og Erik hørte aldrig mere til den.

Til gengæld rejste Bøckhausen ganske kort tid efter fra skolen, og forhåbentlig havde han lært at holde armen i ro.

2.26 Æbledrikken

Eriks lillebror Knuds far havde fået en ny kæreste. Hun hed Elly og boede i eget hus i Nørhalne.

Knud og Erik blev enige om, at de skulle cykle fra Tylstrup hen og besøge hende.

Dengang, for lidt mere end halvtreds år siden, var der næsten ingen biltrafik og da slet ikke herude på landet, så Bedste gav dem lov til at cykle den ti km lange landevejstur.

De nåede godt svedige frem for at konstatere, at der ikke var nogen hjemme. De blev enige om, at de i hvert fald skulle have noget at drikke, før de kørte tilbage til Tylstrup, så de måtte se at finde en måde, at komme ind i huset på. Og var der nogen, der var gode til den slags, var det Knud. Han fandt straks en lille sprække i badeværelsesvinduet, og ved hjælp af to pinde, de fandt på jorden, og godt med fingerkræfter, fik de lirket en tilpas stor sprække frem til, at de kunne smyge sig ind i huset.

Knud var først og det gik fint med at fire sig ind, lige indtil han skulle slippe karmen for at få fodfæste på gulvet.

Her hang vindueshaspen fast i skjortekraven og alle knapperne blev revet af, som var det patroner fra en maskingeværsalve.

Erik morede sig højlydt, og kaldte ham Vendsyssels største klodsmajor.

Så blev det Eriks tur og han fik sig, med meget besvær, mavet igennem sprækken uden at skjortekraven hang fast.

Med stor lettelse lod han sig glide ned på gulvet, men hvad var det for en mærkelig lyd?.

Den forbistrede hasp havde grebet fat i bukselommen, så lomme og benet fra bukserne var revet fuldstændig løs ved landingen på gulvet.

Som to soldater, der havde været i krig, stod de i køkkenet, nu skulle de have noget at drikke.

De fandt noget æbledrik i køleskabet, som de skulle fortynde med vand. Håndtaget på vandhanen var meget stramt, men med en kraftanstrengelse fik de den

åbnet, men desværre så meget at det sprøjtede over-
alt, og hanen var ikke til at lukke igen.

Bord, gulv, gardiner og stole var nu plaskende gennem-
blødte.

Knud havde lige fået et nyt armbåndsur, som også blev
gennemspulet. "Der skete slet et nøj", udbrød Knud,
men da vi to timer senere, efter en omfattende opryd-
ning, skulle cykle hjem, duggede uret så meget på ind-
vendig side, at det var helt umuligt at se, hvad klokken
var.

Der vankede ingen ros, da vi efter mange timer og
stærkt forsinkede, vendte hjem til Bedste. Hverken for
al den tid, der var gået, for den nervøsitet, det havde
givet, for det ødelagte tøj eller for det svineri og de øde-
læggelser, vi havde forøvet i huset i Nørhalne.

"Men hvad skulle vi dog have gjort, vi var jo tørstige",
næsten råbte Knud og Erik i munden på hinanden.

2.27 En tand til

Erik havde tit besøg af sin jævnaldrende kusine Annie. Hun boede midtvejs mellem Tylstrup og Ålborg i en by, der hedder Vestbjerg. Den ligger lige op til det fantastiske naturområde, Hammer Bakker, hvor de to tit gik tur med Annies store Sct. Bernhardshund, Dakke. Når Annie var på besøg hos Erik, legede de altid godt, lige fra hun kom til hun tog afsted igen. Som regel var den foretrukne leg, gemmeleg. Der var masser af buske, hække og træer i Bedstefars meget store have.

De to skiftedes så til at tælle til 100 vendt med ryggen mod haven, medens den anden så skulle finde et smart sted at skjule sig og så forholde sig fuldstændigt i tavshed, så der gik meget lang tid, før man blev fundet.

Én dag gik det for hurtigt med at blive fundet og så besluttede de sig til, at lege blindebuk i stedet for. Annie var den første til at få bind for øjnene, og de indskrænkede sig til den øverste del af haven.

Bedstefaren brød sig ikke om skrøbelige havemøbler af træ, som kunne vælte ved det mindste vindstød, så han havde støbt fire havebænke i cement, som stod placeret i en firkant.

Bænkene var ret brede, så det var helt oplagt at forskanse sig under sådan én, når man skulle lege blindebuk.

De simple regler ved legen var, at man skulle røres, så var man død.

Annie famlede sig frem, som en fuld mand, indtil hun nåede frem til bænkene.

Her havde Erik ganske rigtigt gemt sig, og han kørte sin arm rundt på bænken for at hjælpe blindebukken lidt.

Det var kun lige med nød og næppe, at han fik armen væk, før Annies hånd ramte ham, han kunne næsten mærke lufttrykket.

Annie må have følt det samme, da hun, sikker i sin sag, i en rask bevægelse dykkede ned for at ramme "kalorius".

Pling sagde det med den mest metalliske lyd.

Hun havde hugget gebisset ned i bænken, og ud røg venstre fortand som ved et trylleslag. Så indstillede de legen, de kunne ikke risikere at skulle give den "en tand til".

ANDEN DEL

3 TYLSTRUP FOR 60 ÅR SIDEN

3.1 Tylstrups historie

Oprindeligt var Tylstrup en lille landsby med spredte bondegårde. Beliggende i det sydlige Vendsyssel, 18 km nord for Ålborg og 8 km syd for Brønderslev. I et så fladt terræn at man om aftenen kan se solen gå i havet i Blokhus, der ligger 25 km mod vest direkte hen over Store Vildmose. Tilbagelægger man denne strækning en tidlig morgenstund, vil man for alvor kunne erfare, hvad det gamle ordsprog betyder, der taler om "Mosekonen, der brygger".

Fra 1873 blev Tylstrup stationsby på Ålborg-Hjørring banen, og udviklede sig herefter til en centerby med Store Vildmose som et arealmæssigt meget stort opland. 1 km mod øst blev der tillige anlagt hovedvejen Ålborg-Hjørring med Tylstrup kro som centrum. Herefter kom der skred i udviklingen og i 1960 var her ca. 600 indbyggere. Der var 28 butikker og håndværksvirksomheder, igen takket være det meget store opland.

Fraset butiksindehavere og håndværksvirksomheder var næsten alle mandlige beboere arbejdsmænd, der for flertallets vedkommende arbejdede i Vildmoden med at grave tørv. Tidligt hver morgen og sent hver eftermiddag sås store kolonner af cyklende arbejdere på vej til og fra Pindstrup Mosebrug.

Samtlige kvinder var hjemmegående husmødre, der havde til opgave at passe børn og husholdning.

3.2 Hedensvej 3

I den nordøstlige del af Tylstrup, 18 km nord for Ålborg, dér hvor Hjørring-Ålborg landevejen mødes af en markvej, der går vinkelret på, ligger Hedensvej, kun 100 meter nord for Tylstrup Kro.

I nr. 3 startede det hele, den 17. maj 1951 kl 08.20. Herfra gik min verden de første 20 leveår.

Tylstrup var som sagt ganske lille, vel kun omkring 5-600 indbyggere, men voksede støt op igennem 60erne og 70erne til nu i 2019 at være beboet af ca 1300 mennesker. I denne periode skete udflytningen fra de større byer og fra lejlighed til eget hus. Tylstrup blev således en satellitby for Ålborg, hvortil kommer at også en del arbejdede i Brønderslev, først og fremmest på Pedershåb Maskinfabrik, (PM), hvortil afstanden kun er 8 km. Stifteren af PM kom fra Tylstrup, så hvis sognerådet i den daværende Sulsted-Ajstrup kommune i starten af 1900-tallet havde været lidt mere fremsynede, kunne den store udvikling som Brønderslev undergik, være foregået i Tylstrup i stedet.

Jeg er et resultat af en munter aften i Sjællandsgade i Ålborg, hvor min mor var i huset hos dr. Paludan, og min biologiske far var vicevært i ejendommen. Ja, han var en endog meget nidkær én af slagsen, må man sige, eftersom han tog jobbet om at sørge for ejendommens beboeres velbefindende helt fysisk bogstaveligt. Min mor var kun 18½ år gammel ved fødslen, så det blev besluttet, at jeg skulle blive boende hos mine bedsteforældre, der var henholdsvis 45 og 42 år gamle, altså ikke meget ældre end flere af mine senere klassekammeraters forældre, da der var en del efternølere blandt klassekammeraterne, hvorfor det aldrig blev noget emne for diskussion eller genstand for mobberi. Dels var der mange, der simpelthen ikke vidste det, og dels var datidens moral en anden dengang, i alt fald udadtil.

Det var kun den yngste af mine bedsteforældres børn, Ruth, som ved min ankomst var hjemmeboende, og da hun var 14 år gammel, ville hun være ude af reden indenfor kort tid. Det, der kunne virke som et sort uheld, skulle snart vise sig at blive en stor gave og glæde for mine bedsteforældre.

For første gang i deres liv havde de tid og økonomisk mulighed for virkelig at tage sig af, og nyde, sådan en lille ny samfundsborger. Lige fra dagen for min fødsel og indtil deres respektive dødsdag i 1975 og 2001, blev jeg stopfodret med kærlighed, selvværd og selvtillid. Unægtelig et noget andet forløb end man normalt kunne frygte og forvente ved en sådan hovedkulds ankomst.

Ruth var som nævnt den yngste af en børneflok på 6, der var født og havde levet i en periode med stor knaphed på penge og andre materielle goder samt på personlige muligheder for uddannelse og arbejde.

Bedstefar var i 1906 født på en stor gård, "Snørholt", i Melholt i Østvendsyssel, og var som den ældste udset til at arve gården. Han havde imidlertid ingen interesse for landbrug og ville hellere gå på jagt, spille fodbold og dyrke ridning. Derfor fik han aldrig nogen uddannelse skønt vældig fine evner og stor tilskyndelse fra den lokale skolemester, om at holde ham til bogen og få en teoretisk uddannelse til lærer eller præst. Det blev desværre ikke til noget, og heri skal vi finde forklaringen på hans senere mange frustrationer, idet han aldrig fik en beskæftigelse, der tilnærmelsesvis stillede de krav til ham, som han intellektuelt havde behov for. Ligesom han heller ikke fik det modspil fra kolleger og omgivelser, som kunne udfordre ham. Hanmåtte i stedet tage de jobs som fodermester og arbejdsmand som bød sig, for at forsørge en stadig voksende familie.

Senere i sit liv kastede han sig, med glubende åndelig appetit, over aftenskole, maleri og skakspil for på den måde at kompensere for de manglende udfordringer i sit daglige arbejde og omgivelser.

I 1926, 20 år gammel, deltog han i de populære ringridningskonkurrencer rundt om på de omkringliggende gårde. Her var det en skik, at den unge tjenestepige kom ud og serverede kolde drikke for de duellerende ringriddere. Her trådte den kønne Asta frem, kun 17 somre gammel og slet ikke til at stå for.

Asta var født i Tylstrup, hvor faderen var fodermester

på Gl. Vrå Slot og hun voksede op de steder, hvor hendes forældre havde været fodermesterpar, blandt andet Thise og Dronninglund, hvor hun altså nu var endt som tjenestepige på en gård. Det slog gnister og de blev gift og fik deres første barn, Ejnar, i marts 1928, nr. 2, Rita i november 1929, nr. 3, Ellen i januar 1931, nr. 4, Margrethe (min mor) i december 1932, nr. 5, Else i juli 1935 og nr. 6, Ruth i maj 1937.

Under alle disse børns opvækst flyttede Bedste og Bedstefar rundt, flere steder med bopæl kun for 1 år af gangen til mange steder, herunder Melholt, Dronninglund, Nørhalne, Vadum, hvor de opholdt sig under anden verdenskrig meget tæt på Ålborg lufthavn med, hvad dertil hørte af luftkampe og alarmeringer. Herfra til Milbakken mellem Sulsted og Tylstrup, hvor Bedstefar fik beskæftigelse med at grave tørv i Pindstrup Mosebrug i Store Vildmose.

Her var der, under Rolandsens ledelse, stabile og bedre økonomiske forhold, så det blev muligt for Bedstefar, der blev udnævnt til tørveinspektør, at erhverve sig en byggegrund på Hedensvej, så lang at den strakte sig helt op til den daværende Nygårdsvej, i dag Brandborgvej.

Da staten, få år senere, understøttede boliglån med en garanteret fast rente på 4% p.a., samtidig med at en pæn del af grunden blev solgt fra til en selvstændig byggegrund på Nygårdsvej 4, åbnede der sig mulighed for at få bygget sit eget hus i 1950.

Få år senere skaffede Ritas mand, Kaj, Bedstefar ansættelse på Ålborg Portland i Siporex afd. Meget pudsigt, at han skulle blive ansat her, da netop Ålborg Portland var den virksomhed, der for at holde sin produktion i gang, havde fået etableret jernbane-skinner fra Store Vildmose til Tylstrup for at transportere tørv, såvel under første verdenskrig som under anden verdenskrig og indtil 1948, så Bedstefar har formentlig været med til at grave og måske laste de tørv, der blev brugt på hans senere arbejdsplads. Dette jobskifte bød på væsentligt bedre løn, men var desværre også meget farligere for helbredet. I slutningen af 60erne fik Bedstefar konstateret lungehindekræft og måtte have den ene lunge bortopereret, den gang ved at blive skåret helt op på tværs. De små asbestfibre fra de eternitplader, han stod og savede til, havde skadet lungen så meget, at den ikke stod til at redde. Desværre havde kræften bredt sig, så den, efter 4-5 gode år, vendte tilbage, hvorefter Bedstefar døde i maj 1975 og blev begravet på sin 69-års fødselsdag den 23. maj. Æret være Bedstefars minde.

Bedste efterlevede ham med 26 år og døde i 2001, 91½ år gammel og mæt af dage. I 1989 fraflyttede hun Hedensvej til en ældrebolig i Lejerbo på Hammelmosevej, nabo til Brugsen og Ultvedparken, som da var en nyere bydel, opført i 70erne og 80erne. De sidste 3½år af sin levetid boede Bedste på plejehjemmet på Toftegårdsvej i Sulsted, hvor mange af beboerne var gamle bekendte fra Milbak-tiden sidst i 1940erne. Plejehjemmet var også nabo til fodboldstadion, hvor jeg har spillet fodbold mod vore ærkefjender så mange gange og bag ved den skole, hvor jeg sidst i 1960erne gik i realen.

Til min store glæde, og til hendes store fortjeneste, kommer folk, der kendte hende personligt, den dag i dag og fortæller mig om, hvor fantastisk et elskeligt menneske, ydmyg og med nogle egenskaber, der gjorde, at alle der kom i kontakt med hende, kun kunne holde af hende. Sikke en gave, at have levet sammen med hende og forhåbentlig have arvet nogle af de samme menneskelige egenskaber, hun havde.

Æret være Bedstes minde.

Et minde der navnlig vil centrere sig om hendes meget store menneskelige egenskaber.

3.3 Naboerne og kvarteret

Halvtredserne var et årti, hvor koner var hjemmegående med pasning af hus og børn og med madlavning. Derfor havde man, som barn og hustru, meget mere kontakt med hinanden og gik til kaffeslabberas, ofte næsten hver dag. Nabokonerne blev derfor en stor del af min barndom og de tre naboer, vi havde, i nr. 1, 2 og 5, var vidt forskellige typer, men på hver deres måde nogle fantastiske reservebedsteforældre, som man kunne gå og komme hos, som man selv havde lyst til uden på noget tidspunkt at føle, at man kom ubelejligt eller til ulejlighed. Der var altid tid og plads til et besøg og en snak.

De fire huse var, udover gården Heden, der lå for enden af vejen, al den bebyggelse Hedensvej bestod af i 50erne.

I nr. 1 boede familien Svendsen, Agnes og Marinus, Maius, som jeg kaldte ham. Han var formand for Arbejdernes Fagforening, som havde til huse på

Tylstrupvej, 100 meter syd for kroen, så Svendsens var noget bedre ved muffen end de fleste andre i byen, der næsten alle, udover de forretningsdrivende, var almindelige arbejdere.

Marinus og Agnes var noget ældre end Bedste og Bedstefar, og havde mange børn, som alle var flyttet hjemmefra på nær de to yngste, Ole og Tove, der er tvillinger.

På grund af Marinus' job havde de telefon, som vi også fik lov til at bruge ind imellem, og de fik også meget tidligt fjernsyn, og de var så søde at hente mig, når der var Eurovisionstransmission fra Europa Cup'en i fodbold, som jo, mildest talt dengang ikke var nogen hverdags begivenhed.

Som de eneste i hele kvarteret havde de også bil, en folkevogn, så de tilhørte en anden socialklasse; men jeg var meget glad for dem, for de behandlede mig, som var de mine bedsteforældre, og sådan nogle kan man aldrig få nok af som barn.

I nr. 2, der i lighed med nr. 1 var bygget 2 år tidligere end vores, boede Dagny og Christian Christensen, også kaldet "Gnisten". Om der havde været noget med ild, skal jeg ikke kunne sige, eller måske temperamentet. Jeg ved det ikke, aldrig mærkede jeg noget til et sådant. Men den vendsysselske humor/ironi/sarkasme kan være barsk og er bestemt ikke for sarte sjæle. Mentaliteten var, at for en sikkerheds skyld måtte folk hellere tilføjes et øgenavn. Der kunne jo være noget om snakken. Og så var der jo også nødigt nogen, der skulle føle sig som noget, så et "passende" øgenavn kunne få de fleste til at bevare jordforbindelsen og ikke få alt for høje tanker om sig selv.

Dagny og "Gnisten" var nogle elskelige mennesker, altid var man velkommen, og de var også som reservebedsteforældre, da også alle deres egne børn var flyttet hjemmefra.

"Gnisten" (han hed aldrig andet), arbejdede i "tørven" og elskede, når han kom hjem derfra om eftermiddagen, at pynte sig med rød halsklud, kindrødt, læbestift og mascare. Det var en naturlig ting, som han ikke skjulte for nogen. Vi undrede os ikke, men tænkte blot:" Sådan er det bare".

Jeg tror, at på den tid blev der set meget mere på, hvad mennesket indeholdt end, hvordan udseendet og adfærden var.

Det var meget nemmere, at skille sig ud fra flokken, hvor man i dag ville have anset dem for særlinge og udstødte, ikke "in-personer", hvor man før var ægte originaler.

Tomme parfumeflasker samt dåser og tuber, der havde indeholdt pudder, velduftende salver og cremer, blev sirligt gravet ned på udvalgte steder i haven. Der var jo ikke rigtigt det samme renovationssystem, som vi kender i dag, så en løsning måtte findes, i øvrigt til stor "glæde" for de senere indehavere af matriklen.

Gnisten var en åleslank mand, medens Dagny var tønderund, meget glad for mad og især kage. Lige så rund hun var, lige så rap i replikken var hun og havde altid en frisk og kvik bemærkning på læben, fuldstændig bramfri og åbenhjertig til dagens begivenheder.

Gnisten havde til gengæld en meget tør og skælmsk humor, så de to var, såvel fysisk som mentalt, to modsætninger i en grad, der ville noget.

Altid gik man hjem derfra, en oplevelse rigere og i strålende humør.

I I en periode havde de en gris gående rundt i baghuset, så havde man altid en flæskesteg ved hånden, meget praktisk, ikke sandt.

I nr. 5, som blev bygget i 1952 og var det sidste hus på vejen indtil 1961, boede Søren og Katrine Rikardy Christensen. Søren arbejdede på slagteriet i Nørresundby og blev kaldt "Søren Hungersnød". Hvorfor lige det navn, ja måske fordi ingen andre havde det. Man kunne jo dårligt have én daskende rundt uden øgenavn overhovedet. Det ville jo være som at møde en person helt uden identitet. I vore dage ville det vel nærmest kunne sidestilles med ikke at have noget cpr. nr. og hvem ville dog kunne forestille sig noget så utroligt.

Katrine var en skrøbelig natur og var syg i al den tid, jeg husker tilbage. Hun var en meget kunstnerisk og kreativ person og malede motiver på tallerkner, lavede gipsfigurer og meget andet. Hun tog en masse piller og var, måske ikke så sært, meget plaget og hæmmet heraf. Katrine døde i sine tidlige halvtredsere og efterlod sig, udover Søren, to meget smukke døtre, Karen og Hanne, som var 10 år ældre end mig. Den yngste af dem, Hanne lærte, sammen med den jævnaldrende Bitten fra nr 2, mig at cykle ned af Hedensvej. Grøfterne her var ikke så dybe, men dog eksisterende, hvad jeg erfarede så rigeligt, indtil jeg blev en fuldbefaren cyklist.

De to morede sig vældigt ved at styre mig i grøften, for så bagefter at se fuldstændig uskyldige og meget forbavsede ud.

Søren var en meget sindig jyde, som det var svært at slå mange ord af. Dog havde han en tør og speciel meget underspillet humor, som når man f.eks. diskuterede dagens vejr med ham og syntes, at det godt kunne have været bedre, så replicerede han blot: "Ved du godt, at forklaringen er, at vi ikke har nogen med i bestyrelsen".

Søren yndede at gå rundt uden en trævl på kroppen og

blev som sådan også fundet på køkkengulvet, død i sine slut-tressere.

For enden af Hedensvej ligger gården "Heden". Her var heste, grise, køer og får, som hører sig til en rigtig bondegård. Og så var der Oscar, som var ejeren. Her elskede jeg at komme og være sammen med dyrene og med Oscar, som var oppe i alderen og glad for at få besøg af sådan en lille frisk gut. Et sandt Paradis på jord med en tryghed og lykke, helt ubeskrivelig for en lille "manse".

For enden af Hedensvej i den vestlige ende, ligger på modsat side, nu på Tylstrupvej, to huse, hvor Edward og Elvira boede i det lille hus, som i 70erne blev overtaget af sønnen Børge.

I huset ved siden af, "Toften", boede Edith og Eigil Mortensen, som havde to børn, Åse, nogle år ældre end mig og Bjarne, en efternøler som er et par år yngre end mig.

I Toften holdt de høns og også, hvad var til underholdning for hele området, en meget livlig hane. Udover det høje hanegal hørtes også glade og rene triller fra fruen, der var meget dygtig til at fløjte. Hun var åbenbart glad og tilfreds med tilværelsen. Hvor dejligt at tænke på. Toften var det sidste hus på denne side, og der var intet bagved før gården Bilgård. I dag er der huse overalt, så det er svært at forestille sig, at der kun var bar mark dengang.

På modsatte side, første hus på højre hånd fra udkørslen fra Hedensvej, boede den gamle Markussen med sønnen Jens.

I næste hus boede Orla og Esther Heilesen, der også havde to børn, Erik og Kirsten, der var meget køn og ca 10 år ældre end mig. Kirsten blev gift med Andreas Bech Jensen, kommuneingeniørens ældste søn fra Sulsted. Han var i øvrigt den fotograf, som optog "Tylstrup filmen" fra 1966 om byens erhvervsdrivende. Orla var murermester i en lille virksomhed med en enkelt eller to ansatte, hvoraf den ene var sønnen Erik.

I næste hus boede Ketty og Jens Sørensen. Jens var vejmand og havde nogle tjenestekasketter, som jeg var meget betaget af. Når de var udtjente, kunne det ske, at jeg fik dem med hjem. Novra sikke lege og fantasier man kunne udspinde. Bedste og Bedstefar kom en del sammen med Ketty og Jens.

Det andet sidste hus på højre hånd, på hjørnet af Tylstrupvej og Nygårdsvej, var det lille missionshus, der nu blev brugt til beboelse af en ungkarl, som holdt sig meget for sig selv. Før man fik bygget missionshuset Bethania oppe i byen, blev dette hus brugt til religiøse møder.

På modsat side boede Halvor og Johanne Sørensen, hvis søn Emil overtog huset ved deres død. Emil var glødende fodboldfan og trofast TUI supporter. Emil, også kendt som SPUT Emil, da han havde den vane at stå og spytte på jorden, når man stod og snakkede med ham, blev Jens vejmands efterfølger som amtsvejmand og var vel nok en af byens originaler.

Nr. 2 på Nygårdsvej ejedes af Sigrid og Aksel Thomsen, også kaldet "Atomsen", som arbejdede i tørvene og i Vildmosen. I lighed med så mange andre cyklede han de 12 km frem og tilbage efter en lang og fysisk meget anstrengende   arbejdsdag.

De havde otte børn, hvoraf jeg kendte de seks: Kjeld,

Inger-Marie, Poul, Kirsten, som jeg gik i klasse med fra 1. klasse til 3.real.

Hans, et år yngre, som jeg legede meget med som barn og spillede på fodboldhold med hvert andet år, og som i dag er bager i Ålborg efter nogle års afstikker til Grønland. Og endelig Grethe, 1 år yngre end Hans.

I nr. 4, som var det sidste hus på vejen og som er opført på den grund for enden af Hedensvej 3, Bedstefar havde solgt fra.

Her boede Elna og Knud Hansen. Knud var arbejdsmand på teglværket i Nr. Uttrup og Elna var hjemmegående husmor som jo alle andre hustruer på den tid i nøje overensstemmelse med den dengang herskende samfundsorden.

De havde fire børn, Bodil, som var et par år ældre end mig, Bent, som jeg gik i klasse med, Betty, et par år yngre og Bjarne, fire år yngre. Bent kom som 23-årig særdeles ulykkelig af dage, da han på sin næsten nyerhvervede Yamaha motorcykel pløjede direkte ind i elektrikerens datter, der uden at se sig for, gik direkte over vejen for at komme over til slikmutter Grethe efter Skippertop til hele familien, der lige var kommet hjem fra ferie på Mallorca, og på denne måde skulle fejre hjemkomsten. Hun afgik også ved døden ved ulykken, så det var en meget tragisk dag for de to familier og for hele byen.

For enden af Nygårdsvej lå, ikke overraskende, gården Nygård. Her boede Thomas og Gudrun Thomsen. De drev herfra et lidt større landbrug end "Heden". De kom i Indre Mission og havde to børn, Ruth et par år ældre end mig og Jens fire år yngre. Jeg husker familien som nogle, der holdt sig meget for sig selv, måske på grund af deres trosorientering, da de tilhørte Indre Mission. IM var et meget lille samfund i Tylstrup, så under alle omstændigheder har det været svært for dem, da de har skilt sig klart ud fra de fleste, der ikke havde nogen særlig åndelig orientering eller interesse, hvilket også gjorde sig gældende i mit hjem. Tro, det var simpelthen ikke noget, man talte om, og kirken, det var ikke et sted, man kom undtagen til de markante begivenheder. Egentlig tror jeg nok, at interessen var der hos mange; men man ville ikke sætte sig ud over, hvad alle andre gjorde og mente. Mest af alt tror jeg, at der var tale om blufærdighed. Man blotlagde og afklædte sig åndeligt ved at gå i kirke på en almindelig søndag, og i særdeleshed hvis man diskuterede den slags emner, når man samledes til kaffeslapperas. At komme ud over dagligdagens trivialiteter var simpelthen at være blæret, højrøvet og føle sig bedre end andre. Man var en "bretski". Og det var der bestemt ingen, der ville være. For så blev man nedstirret og anset for at være sær og én, man skulle undgå helt. Egentlig tror jeg, at Thomsens var meget flinke mennesker; men jeg kendte dem meget dårligt." Den slags mennesker" skulle man jo undgå.

Tager man den anden vej ud af Hedensvej, nemlig mod Ålborg (i dag Tylstrupvej), lå der et meget lille hus på højre hånd, meget lavt beliggende, ligesom lå det nede i grøften. Her boede Henny og Wilmer Olsen. De fik 3 børn, Kurt, 1 år yngre end mig, Anne-Grethe, 1 år yngre igen og Leif, 4 år yngre. Kurt legede jeg en del med. Han døde i fyrreårsalderen. Han sad ligeså stille i en stol i sin lejlighed i Strubjerg, Lindholm og sov ind og ligger i dag på kirkegården i Ajstrup næsten lige ved siden af Bent fra vores klasse.

For enden af markvejen var der et mindre landbrug, som ejedes af Klara og Peter Kristiansen. Fra denne ejendom blev der sidst i 60erne udstykket en masse grunde, som alle blev bebygget. De fik 4 børn. En ældre søster, Åge 3 år ældre end mig, Kjeld 2 år yngre end Åge og Tage, 3 år yngre igen. Kjeld legede jeg meget med som barn. Han blev senere møbelpolstrer, (tapetserer) på Vævegården.

I det sidste hus ad landevejen før købmanden boede Maren og Jørgen Bendtsen. Jørgen var, som en af de meget få i kvarteret, ikke arbejdsmand, men lastbilchauffør og kom fra Vrå.

De fik 3 børn, hvoraf den ældste, Per, som var et år yngre end mig, var, og det på trods af sin lidenhed, en hidsigprop og slagsbroder ud over det sædvanlige. Så hver gang jeg skulle forbi, var jeg skræmt som en hare. Nogen stor slagsbroder var jeg ikke og er aldrig blevet. Per nød respekten omkring sig og nøjedes vel i virkeligheden med at skræmme. Måske var han slet ikke så stærk endda. Det fandt jeg aldrig ud af.

Lige overfor boede Henny og Lars Sørensen, som også var arbejdsmand i Mosen.

Stødende op til deres baghave og med adressen Hedestien 1 boede Lilly og Ewald Andreasen. Ewald var arbejder på slagteriet i Nørre Sundby, kom ind i fagforeningsarbejde og blev senere, i takt med virksomhedens krav om effektivisering af alle processer, tidsstudietekniker. De fik 6 børn, Poul Erik, 4 år ældre end mig, Bjarne, 2 år ældre, Helmer, som jeg gik i klasse med, Leo 1 år yngre samt Ove og Lillian, henholdsvis 4 og 5 år yngre.

I Hedestien 3 boede Meta og Jens Chr. Jørgensen, der fik 3 børn, Poul Erik, som jeg startede i 1. klasse med, Bjarne, 2 år yngre og Ina, 4 år yngre. Også Jens Chr. Var arbejdsmand i Mosen og tog den flade strækning på cykel på daglig basis.

3.4 Klassekammeraterne

1.4.1958 startede jeg i 1. klasse i Tylstrup skole. Året efter blev det lavet om, så alle født i samme kalenderår kom i samme klasse, og skoleåret var fremdeles fra 1. august at regne. Så vi fik et par måneder ekstra i 1. klasse på den måde. Det er nok derfor, at vi er så kloge i dag.

Jeg starter allerøstligst i byen med Kirsten på Nygårdsvej. Efter realen kom Kirsten i huset i København, som man dengang skulle forud for uddannelsen til sygeplejerske. Hun blev gift med sin, "murer Niels", blev sygeplejerske og ansat på hospitalet i Hvidovre, hvor hun blev, indtil hun gik på efterløn som 60-årig.

Bent Johan Hansen blev desværre kun 23 år gammel og ligger i dag på Ajstrup kirkegård.

Bent, også kaldet Bimse på grund af sin spinkelhed, legede jeg meget med som barn. Han kom i lære som maskinarbejder på PM i Brønderslev efter 9. klasse, erhvervede sig en stor motorcykel, men omkom i 1974 som før omtalt ved en meget tragisk ulykke.

Helmer Egon Andreassen, Hedestien lige før kroen, gik på efterløn fra sit mangeårige job som fængselsbetjent som 61-årig. Helmer er i dag bosiddende i Vallensbæk sammen med konen Gitte.

Helmer landede her, fordi han og konen begge blev fængselsbetjente. Det var Helmers store drøm at blive politibetjent; men han manglede sølle 2 cm i at opfylde kravet om at være 178 cm. Surt show. Han var helt sikkert blevet en god én af slagsen.

Poul Erik Jørgensen, også kaldet Pylle, på Hedestien 3 var ikke den boglige type, men mere praktisk begavet, som Niels Hausgård udtrykker det. Begrebet specialundervisning fandtes ikke dengang, så Poul Erik og Leif, også kaldet Fuzzy, fik tit lov til at sidde og lege med biler på forreste bord, indtil de begge blev flyttet til en hjælpeskole i Ålborg fra starten af 6. klasse. Poul Erik blev senere en solid og loyal arbejdsmand hos Frits Halvorsen, stærk som en okse, som han var. Poul Erik bor i dag sammen med konen i Hjallerup.

Hvis vi tager en bred vifte og kører fra øst mod vest fra kroen, er den næste vi støder på Grethe Nielsen på Forsøgsvej, datter af Aksel Nielsen og hustru og med en del storesøskende. Af disse var der specielt Ole, kaldet Stuer Wolle. Han var 2 år ældre end os og var én, som vores årgang havde meget samvær med rent socialt, da vi først kom i pubertetsalderen.

Grethes ældste bror hed Henning og blev aldrig kaldt andet end Gaza Henning, da han var én af de soldater, der var udsendt som fredsbevarende styrker, der bar de blå FN baretter.

Grethe er i dag bosiddende i Østvendsyssel.

Karen Lene fra Østergård på Forsøgsvej. Familien, der havde et større landbrug her, tilhørte Bethaniakirken og holdt sig, som sådan, meget for sig selv. Karen Lene er i dag bosiddende på Luneborgvej i Brændskov.

I det forfærdeligt mørke kælderrum på Tylstrup skole var min nærmeste sidekammerat, Helge Thomsen Dahl, der boede på L.P. Jacobsens vej, lige overfor indgangen til Anlægget. Helge var en meget stille dreng, som ikke var voldsomt bogligt interesseret, kom ud at sejle efter 8. klasse.

Han menes at være blevet skyllet overbord eller på anden vis omkommet til søs og det i en meget ung alder.

Vi skal nu over på den anden side af Luneborgvej og ned af vejen bag biografen, ned ad Jens Thises Vej til nr. 4. Her boede vognmand Hardy Bach Larsen med Esther, som gik post. Her finder vi Jonna, som var en kvik pige, der strøg direkte igennem uddannelsessystemet og endte som gymnasielærer i Viby. Hun blev gift med Mogens Therkildsen fra Sulsted, som jeg kendte godt fra fodboldbanen, og som blev motorjournalist på Jyllands-Posten, og begge er bosat i Brabrand i dag. Jonna var fysisk meget veludviklet og igennem ungdomsårene, fra 13-årsalderen, genstand for stor interesse fra et hav af lokale ungersvende.

I nr. 7 har vi Ruth Nielsen, der er blevet i Tylstrup, hvor hun i en lang årrække var dagplejemor.

I næste hus nr. 9 hos Erling og Krista Thomsen, boede Bjarne, søster, Ole og Kristian, som var min klassekammerat.

Han var født på Gjøl, og boede mens han gik i de små klasser i Sulsted og kom efter 9. klasse i lære som kommis i købmandsgården ved stationen hos Grundtvig Sørensen. Herefter kom han ind som soldat, kom i militærpolitiet og blev efterfølgende politibetjent, indtil han i 2014 tog sin afsked som politiinspektør ved Østjyllands politi. Her nåede han det højeste embede, man kan nå uden en akademisk uddannelse. Ved den seneste politireform sagde han sit job op og fik, som 63-årig, et job ved Århus kommunes vejvæsen.

Kristian er i dag, sammen med konen Ingebritt, bosiddende i Skanderborg.

Midt på Luneborgvej, med fodboldstadion som baghave, var der vaskeri og malermestervirksomhed, nemlig hos Hans og Jytte Nielsen. Her finder vi Johannes Munk Nielsen.

Johannes erhvervede sammen med konen en forretning i Vesterhavscentret i Pandrup, hvor parret stadig er bosiddende. Johannes var en af de få, der ikke gik til sport, måske fordi han var meget ranglet og spinkel; men han var en meget sympatisk dreng, som jeg besøgte meget privat.

Hopper vi to huse frem, har vi butikken, hvor vi købte ugeblade, og som også havde apoteker- udsalg samt træskohandel med Mary og Poul Kristoffersen. Poul, der supplerede sin indkomst ved at være postbud, var min første fodboldtræner og, heldigvis for mig, ikke helt bekendt med navnene, da vi startede som miniputter som 6-årige. Han forvekslede nemlig Bent Tågård og mig, så mit navn fremgik af holdkortet, hvad slet ikke var hensigten, da Bent var bedre og større end mig.

Poul og Marys yngste søn hedder Bjarne, som er den yngste af 5 børn, hvoraf 3 storebrødre var meget talentfulde fodboldspillere, der alle havde spillet på Tylstrups stolthed, nemlig serie 2 holdet. Bjarne fortsatte på gymnasiet og efter soldatertiden, herunder sergenttiden på Hvorup kaserne, startede han på Århus Universitet med musik og matematik. I Århus fortsatte jeg venskabet med ham. Hver uge mødtes vi til motion og fællesspisning, og hver weekend tog vi sammen til Tylstrup i Bjarnes gamle Opel Kadett. Vores venskab fortsatte efter mit nye liv med kone og børn og hans lektorrat på Katedralskolen i Odense. Til barnedåb, konfirmationer og flere fødselsdage var han med. Men pludselig én dag ophørte alle livstegn. Han var inviteret til vores yngste søn, Gorms, konfirmation, men lod ikke høre fra sig, hvorfor jeg slog et slag omkring hans lejede bolig i Munkebo. Blot for at konstatere, at han virkede meget forandret. Flyttekasser stod pakket og kort tid efter, i sommeren 2001, flyttede han til Grønland for at blive gymnasielærer i Quarquartoq (Julianehåb), hvor han stadig befinder sig. Fra 2001 afbrød han alle forbindelser til familie og venner og er startet helt på en frisk.

For mig var hans pludselige forsvinden et stort savn.

På samme side af vejen, vi skal lige forbi købmand Hove, hvor jeg var bybud med Longjohn cykel 1963-1965 og i øvrigt foreviget i den Tylstrup film, der i 1966 præsenterede en stor del af Tylstrups mange forretninger og småvirksomheder - finder vi smedeværkstedet tilhørende Henrik Pedersen. Her boede Jens Toft Pedersen, der efter realeksamen kom i lære som smed i Nørre Sundby, for senere at overtage faderens virksomhed indtil helbredet ikke ville mere. Han blev herefter varmemester på Tylstrup fjernvarmeværk, et job Jens bestred, indtil han gik på pension. Kun halvandet år efter ville hjertet ikke mere, og Jens døde i maj 2018, en måned før han ville være fyldt 67 år. Jens var min sidste varme forbindelse. Vi besøgte ham hver gang, vi var nordpå, og jeg kunne her få de sidste nyheder fra fødeegnen. Et stort savn er tabet af ham, og jeg fik endog ikke lejlighed til at deltage i hans begravelse. Han ligger i dag på Ajstrup kirkegård, hvor jeg så besøger ham.

Vi sniger os nu små 10 meter ned ad Vestergårdsgade og til højre ad Langesvej. Allerede som nr. 1 finder vi det røde hus, hvor jeg, hver søndag morgen kl. 7, leverede 2 kryddere. H C Andersen var allerede stået op og havde altid aftalte penge, 12 øre, parat ved min ankomst. Vi taler her om 1961.

Nå, videre, så i nr. 3 finder vi Inger-Margrethe Jacobsen, som var en af klassens dygtigste og flittigste elever. Som Jonna fortsatte også hun på gymnasiet og endte med en studentereksamen efterfulgt af et psykologistudie på Århus Universitet. Dette afbrød hun for at tage en uddannelse som ergoterapeut. Hun og hendes forældre havde den sorg at miste lillebroderen, Knud Erik, der led af en sygdom, der medførte, at han døde allerede som 12-årig. Inger, som hun hedder i dag, er bosiddende i Hals.

I nr. 5, og grænsende helt op til bagsiden af skolen, boede familien Mortensen, med Aksel, der i lighed med faderen og broderen Niels, var postbud og den absolutte grundkerne i Behania- kirken midt på Luneborgvej. Bethania var siden 1880, og er stadig den dag i dag, en meget stærk lokal forankret frikirke, med en menighed på over 100 medlemmer. Selv gik jeg som barn i søndagsskole der, men det måtte naturligvis ophøre, den folkelige stemning tillod jo ikke omgang med de hellige, og så måtte man jo stoppe, så man ikke skilte sig ud, ja og ligefrem kunne blive hægt ud og blive betragtet som sær. Datteren var Ruth, som også tilhører Bethania, for det gør hele familien og slægten Mortensen. Ruth var meget flittig og fortsatte til studentereksamen. Ruth er i dag bosiddende på Luneborgvej i Brændskov.

Vi går tilbage på Luneborgvej og på højre side i cykelforretningen hos Ludvig Christensen, der, dels fordi han var uddannet som mekaniker, og dels fordi han ikke var så stor, blev kaldet "Bette Mek". Han reparerede og solgte cykler og knallerter. Desuden solgte han gas.

Her voksede 3 drenge op; Hans ca. 10 år ældre og uddannet bankmand, hvor han blev direktør i Skagen, blev opstillet til byrådet og valgt som borgmester. Olav, 2 år yngre end storebror Søren, læste historie i Århus og spillede fodbold i AGF sammen med mig i en 2 års periode. Blev træt af historie og læste i stedet til

124

statsautoriseret revisor og blev efter nogle års ansættelse hos Pelsfirmaet Birger Christensen på Strøget i København, ansat på ambassaden i Zagreb og flere andre ambassader som økonomisk rådgiver og endte sin karriere i hos verdensbanken i Washington, hvor han efter 8 års ansættelse, blev pensioneret i juni 2015.

Søren, som var min klassekammerat, læste medicin i Århus med den jernhårde disciplin, som det studium kræver. Han havde en lejlighed i Gjellerupparken, hvor han læste og studerede den tårnhøje stak af bøger i 8 timer om dagen, INCL lørdage og søndage. Så hver gang Olav, Bjarne eller jeg kom for at lokke ham med på sjov, fik vi en kurv. Blev læge på Brønderslev Sygehus og havde her den store sorg at miste sin kone, som var en tidligere studiekammerat. Søren kom videre til Hjørring Sygehus, hvor han blev chefoverlæge, for slutteligt at blive praktiserende læge på Tordenskjoldsgade i Frederikshavn, Som 63-årig lod Søren sig pensionere og er i dag bosiddende i Frederikshavn sammen med sin 2. den kone.

Så skal vi over på den anden side af vejen igen og hen for enden, hvor der går en vej på tværs hen til skolen, der hedder Pogevej. Det er en beskeden bolig med skotøjsbutik ud til gaden og bolig i rummet bagved og ovenpå. Her boede Alice og Erling Jensen. De fik én søn, Thorleif, som var den store fodboldspiller i årgangen. Vi andre holdkammerater skulle blot sørge for en lang bold frem, så snuppede Thorleif den, afdriblede et par modstandere, lavede en skudfinte som sendte målmanden på rumpen, for lige så stille at placere bolden i nettet. Dette gentog sig hundredvis af gange indtil vi nåede junioralderen, hvor modstanderne havde noget mere fysik, og hvor de, ganske fornuftigt, ofrede flere oppassere på Thorleif, så kvoten blev noget nedsat med alderen. Selv var jeg målmand indtil juniortiden, og skulle så altså forsøge at begrænse modstanderens scoringer til det antal, eller helst ét mål mindre, end dem Thorleif formåede at score. Thorleif og jeg spillede badminton sammen indtil Thorleif forlod Tylstrup, for at tage til København og læse psykologi. Far Erling havde vi glæde af meget længere, idet han fortsatte sin fodboldtrænerkarriere fra at have haft os som små nu også trænede os som voksne. Sidste år jeg havde ham som træner var i serie 4 i 1973, hvor jeg var soldat i Nr. Uttrup og bosiddende derhjemme på Hedensvej.

Thorleif er i dag bosiddende i Roskilde, hvor han stadig underviser på det lokale erhvervsakademi.

Vi skal nu ned ad Pogevej til det sidste hus før, og i en afstand af mindre end 50 meter fra, skolen. Her boede Conny Thomsen, som jeg ikke har set siden skoletiden. Conny er i dag bosiddende i Herning, hvor hun sammen med ægtemanden driver en mindre virksomhed.

På den anden side af Ålborg-Hjørring-Frederikshavn banen, for enden af Arendrupsvej, som søn af Edel og "bette Søren" Christensen, boede Tommie. Han var en aktiv dreng med krudt bagi, men ikke så motiveret for at sidde stille på stolen i timerne, (hvad jeg i øvrigt ikke skal tillægge andre, da jeg var den med rekord for "uden for døren gangen" samt "blive sendt hjem med seddel gange", foruden et pænt antal eftersidningsgange. Hver eneste gang for rapkæftethed og upassende kommentarer og utidig indblanding i undervisningen. Egentlig aldrig for andet end upassende kommentarer og klovnerier. Tommie var, egentlig helt utrolig eftersom han var meget adræt, ikke med på fodboldholdet, men ekstrem dygtig til gymnastik. Hertil kom, at han var lynende hurtig, så når lærerne for rundt efter ham på boldbanen og i skolegården, holdt han med vilje lidt igen, for så at forsvinde med lynets hast, når læreren var "lige ved" at lægge hånd på ham. Jeg kom meget i Tommies hjem, og han og jeg fulgtes som regel ned til anlægget for at spille fodbold de sidste par timer af eftermiddagen. Tommie kom, efter 9. klasse, i lære som kok på det gamle hæderkronede hotel Phønix i hjertet af Aalborg.

Jeg hørte siden, at han fik sukkersyge, hvad jo ikke er godt for en kok. Tommie er i dag bosiddende i Nr. Sundby.

3.5 Klassen bliver større

12 august 1962, hvor vi skulle starte i fjerde klasse, var
klassen pludselig vokset til dobbelt størrelse. Alle de
elever, der var af samme årgang og som var
bosiddende vest for bygrænsen og langt ud i Store
Vildmose, hvor Tylstrup skoledistrikt sluttede, havde
nemlig tilbragt de første 3 skoleår i Brændskov skole.

Det første område vi støder på, nærmest bygrænsen,
er Skovmarken. Her finder vi søstrene Lange, Else og
Inger, der samtidig er tvillinger, dog ikke enæggede. De
er fra oktober 1950 og fra naturens hånd meget
veludviklede, så de var meget mere modne end de
fleste af os andre. De er af landbrugsslægt og faderen,
Ejler, havde brødre og fætre over hele Skovmarken, så
det var et rigtigt Lange dynasti. Vi fulgtes af til
realeksamen, hvorefter Inger startede som kontorelev
og Else startede som ung pige i huset, hvilket var et krav
som led i uddannelsen som sygeplejerske. Året som
ung pige i huset blev tilbragt dels på Egernvej på

Frederiksberg og dels i sommerhus i Skiveren i det nordligste Vendsyssel.

Ja, Rigtigt gættet, det var hos ægteparret Virkner og Krag i den allermest turbulente periode af deres ægteskab. Else blev, og er fortsat, gift med tandtekniker Georg Christiansen og de er, efter i en årrække at have boet forskellige steder i Tylstrup, bosiddende i Brønderslev klods op af golfbanen, hvor de begge samt sønnerne tilbringer megen tid.

Tvillingesøsteren Inger, blev kontor- og revisoruddannet, fik tvillinger med en nu fraskilt mand, og blev af ægtefælle og job ført så langt væk som til Svendborg, hvor hun i en periode var kommunal pantefoged. Inger bor i dag sammen med manden, Oluf, på golfbanens område i Brønderslev, hvor de er henholdsvis bestyrer og bogholder.

Storebror Kaj, som jeg spillede fodbold sammen med, var landmand på Skovmarken i mange år, og sideløbende formand for TUI i en årrække, blev ansat som Greenkeeper, så golfklubben er et rigtigt familieforetagende.

Ruth Gården Larsen var også en af den gruppe på_6 personer, 4 piger og 2 drenge, der fra 7. klasse fortsatte i 8. klasse, men derefter gik til prøve i Sulsted for at komme i realskolen. Vel mest fordi det var nemmest at blive gående i Tylstrup, man kendte lærerne, omgivelserne og alle andre elever, og var nu, langt om længe, blevet blandt de ældste, hvad der også var en vis tryghed i og så var det, vigtigst af alt, den allernemmeste løsning da der ikke krævedes nogen indsats overhovedet. Måske den allervigtigste årsag var, at der hos os alle, ikke var nogen tradition for boglig uddannelse og herigennem en frygt for ikke at kunne klare kravene. Frygten for at lide et nederlag med en selvtillid, der i forvejen var meget begrænset.

Midt i alle disse forhindringer og begrænsninger skete der heldigvis for os det, at lærer Laursen gav os et mentalt kæmpe kærkomment los bagi med, hvad i alverden vi bildte os ind, at gå og spilde vores tid og navnlig fremtid, ved ikke at bruge vores evner medens tid var.

Åge Larsen var en livsglad, meget og højt grinende og knaldrødhåret gut, der samtidig ikke var den boglige type, men god som dagen er lang. Åge blev som voksen lastbilchauffør, hvilket var et helt ideelt job for ham. Den allerbedste erindring jeg har om Åge er fra hans barndomshjem, der var et meget beskedent husmandssted med mange børn og et par forslidte forældre. Vi skal nu skrue tiden frem til 1971, hvor jeg var toldelev på Ålborg Distriktstoldkammer og under uddannelsen var nået til virksomheds-kontrollen. Jeg fulgte en ældre kollega på momskontrol til landbrugene i Vildmosen. Åges far modtog os i arbejdstøj, synligt berørt og meget nervøs. Vi gennemgik sammen det grønne regnskabshæfte for det meget beskedne omfang af bilag, for det meget lille husmandssted. Den dag i dag, når jeg kommer mit hjerte til at sitre og øjen-krogene bliver fugtige, når jeg kommer til at tænke på, hvordan hans øjne funklede, da vi fandt ud af, at han havde ført et bilag i forkert side, hvilket resulterede i, at han skulle have 500 kr. tilbage. Knap så morsomt var det at besøge en et år ældre fodbold-kammerats forældre med deres lille landbrug. Jeg var, og er, dybt berørt, når det viste sig, at folk i små kår skulle efterbetale. Jeg var i den grad gået galt i byen og fatter i dag ikke, hvordan jeg kunne blive i det system i 9 år, for dernæst at tilbringe 5 år i et andet kontrolsystem, nemlig skattevæsenet. Det viste sig at skulle blive et hestearbejde, at komme videre i et helt andet spor. Det føltes som en løbegård med meget høje planker til begge sider, der skulle et meget langt og trælsomt tilløb til for at slippe ud herfra. Nå, det vigtigste var, at det lykkedes. En egentlig transformation var der tale om, sluttende med 4 års studier på handelshøjskolen i København (i dag (CBS) og efterfulgt af revisorjob og, i nu mere end 30 år, ansættelse i stor tyskejet produktionsvirksomhed som finanschef.

Vi er nu nået ud til Vildmosemejeriet lige bag Luneborg kro. Her boede Hanne som datter af mejeribestyreren. En sød pige som jeg var meget forelsket i 7. klasse, uden at hun dog var klar over det. Hanne Thorsmark Madsen gik direkte i realen og derfra i gymnasiet, og jeg kender ikke til hendes videre færd i livet, udover at hun i dag med familien er bosiddende i Viborg. Leif Larsen, der stammede fra Vildmosen, blev efter 9. Klasse landbrugsmedhjælper på Kraghedegård, indtil han erhvervede sit eget landbrug i Nr. Halne, hvor han samtidig drev maskinstation og i højsæsonen arbejdede fra 4 morgen til 10 aften.

Leif er i dag bosiddende i Brønderslev. Den sidste af de tilkomne fra Brændstrup var Knud Møller Thomsen. Han kom fra en gård i Luneborg og er fætter til Kristian fra Jens Thisesvej. Knud gik ikke til sport, som i øvrigt kun halvdelen gjorde dengang, men var en dygtig og flittig elev, som burde have gjort turen sammen med os 6 andre, fra 8. klasse og i realen, men der var heller ikke i hans familie nogen boglig tradition eller ambition.

Bøgernes verden blev det dog til på anden vis, idet Knud kom i lære som boghandler hos Knud Engsig i Ålborg, hvor han tilbragte mange år for dernæst at blive bogholder på De Danske Spritfabrikker i Ålborg Den sidste del af arbejdslivet tilbragte Knud hos bilfirmaet IM Stiholdt i Sæby, indtil han gik på efterløn som 60-årig i 2011. Knud er i dag bosiddende i Klokkerholm, og det som ungkarl.

Erik Larsen kom også til i de små klasser og forlod os igen, inden vi nåede 7. klasse. Jeg havde meget tilfælles med Erik og besøgte ham ofte i hans hjem, der lå på den allervestligste sti op til banelinjen på højre side af Luneborgvej. Erik havde allerede flyttet et gange, idet faderen, Albert Larsen, var præst ved Bethania-kirken, som på det tidspunkt havde en stor menighed i Tylstrup med opland. Bethania er en frikirke, som grundlæggende bygger på den Lutherske kristendom, men i en form der gør, at den altså står uden for folkekirken.

I dag består menigheden af 90 personer, heraf også en del som jeg har gået i skole med og spillet fodbold med.

Erik havde et fortrinligt venstreben og da det er en mangelvare på ethvert hold, var han en skattet holdkammerat, hvortil kommer at han var et fantastisk sympatisk menneske. Gad vide, hvad der er blevet af ham?

3.6 Skolen og pryglepædagogerne

Tylstrup skole var af meget beskeden størrelse. En enkelt bygning samt en gymnastiksal, var hvad der fandtes, da jeg startede i 1958. I starten af tresserne blev det besluttet, at her skulle være Centralskole, og et større byggeri blev sat i gang til man nåede det udseende, som den har i dag. Undervisningspligten blev udvidet fra 7 til 8 år og ganske kort tid efter til 9 år. I en periode fra starten af tresserne kom eleverne fra hele Vildmose oplandet for at gå i 8. klasse, og så nåede elevtallet over 400. De kom fra Åbybro, Biersted, Nørhalne og hele Vildmosen. Fra 1965 blev her centralskole for Tylstrup samt for overbygningen fra Ajstrup, Sulsted og Vestbjerg. Dog kun for 8. og 9. idet realafdelingen så blev samlet i Sulsted.

Fra 1. klasse – dengang var der ikke noget, der hed 0 te eller børnehaveklasse, ja og heller ikke børnehave for den sags skyld, så alle gik hjemme hos Moar - blev vores klasselærer Jens Dinesen. Han var næsten lige kommet til skolen som inspektør, stammede fra Kjellerup ved Viborg og var tillige en fremragende gymnast. Vi havde ham indtil 6. klasse, hvor han måtte fravælge undervisningen, da det administrative i jobbet tiltog eftersom skolen var blevet meget større, med nu op til 500 elever. Den nye skolelov, hvor alle skulle gå mindst 8 år, og efter en kort indkøringsperiode, 9 år i skole, var lige blevet vedtaget. Alle, der skulle i realen, kom så til Sulsted, der altså også blev en centralskole. 2 år efter denne ændring døde Dinesen af en tumor i hovedet. Der stod meget respekt om Dinesen under hvem der blev opretholdt en naturlig autoritet. Han efterlod enken Karen med 4 piger, hvoraf Annette var den ældste -1 år yngre end os. Dinesen var et fint menneske, der prøvede at opdrage os til at respektere alle, uanset om de var lige så kloge, pæne og tynde som det, der ansås for idealet. Han gjorde således en kæmpe indsats, for at bekæmpe og udrydde mobberi. Noget af en opgave må man nok sige, også dengang. Æret være Jens Dinesens minde. Tiden efter Dinesen blev et prygleregime, hvor håndleddene sad meget løst på mange af lærerne, der hadede deres job såvel som børn i en grad, der bevirkede, at de var helt og aldeles uegnede som lærere. Man forstår på jævnaldrende fra andre egne af landet, at det var en helt utænkelig tanke, men i Tylstrup var det en naturlig ting at der blev banket hæmningsløst til eleverne, og tit faldt slagene før sagen var fuldt belyst bare for en sikkerheds skyld. Dinesens afløser blev Jørgen E. Pedersen og han kan ikke have været uvidende om, hvad der foregik, så formentligt har han taget del i det selv, i al fald burde han have været manden, der skred ind og stoppede det.

Den i særklasse værste pryglepædagog var Åge Hansen, der var tysk- og fysiklærer og samtidig en ren sadist. Ved mindste uro vankede der en på lampen og hvis han ikke øjeblikkeligt fornemmede fortrydelse og underkastelse hos den formastelige, hidsede han sig i den grad op, at det, på kanten af blodrus, udartede sig til vold med afstraffelse med slanger, stole, instrumenter og øvrigt forhåndenværende materiale. Han var en ren sadist, men hvordan det kunne få lov at fortsætte over så lang tid, er ubegribeligt. Én af forklaringerne er naturligvis forskellen på mentalitet fra dengang og nu. Dette helt specielt fra elevernes side - det var ikke noget, man sladrede om, eller fortalte til forældrene. Den største årsag skal nok søges i, at der i datiden herskede en næsten ubegrænset autoritetstro. Præsters og skolelæreres udsagn stillede man ikke spørgsmålstegn ved.

Han burde have været spærret inde, hvad han ville være blevet, hvis det skete i dag, udover at han aldrig ville kunne få noget job nogle steder.

En anden hidsigprop var Poul Erik Böckhausen, som også lod næverne tale ved mindste anledning for øjeblikket efter at blive ophoven og rød i hovedet. Vi havde ham i gymnastik og ved en lejlighed, hvor vi skulle på fodboldbanen formanede han os om, at vi skulle gå stille og roligt og ikke løbe ned til fodboldstadion. En flok boldglade drenge i 6. klasse med en bold i hånden, boblende af livsglæde og legesyge - ja de løber altså bare helt automatisk. Straffen faldt prompte, alle vi formastelige måtte pænt tage opstilling i en pæn lige række langs vandværksmuren, for på skift at modtage vores "velfortjente" straf. *Siing* sagde det, da den første fik en lussing, trukket nede fra knæhøjde og bevirkende, at hovedet fløj bagud og ind i muren, hvilket var ekstrastraffen (ekstrafornøjelsen for udøveren). Jeg stod som nr. 4, og havde besluttet mig for, at enten modtog jeg straffen som en mand, for dernæst at give ham én igen, eller også undveg jeg i sidste øjeblik, og hvis jeg nu trak helt ind til væggen, ville hans hånd få stærk berøring med muren. *Sjung, klug* endnu en nakke i muren, endnu en kammerat der så sol, stjerner og måne midt på den højlyse dag. Koncentration, turen var kommet til mig, havde han stadig kræfter og energi, den lille lort? Ja, hånden blev hentet helt fra hoftehøjde og havde klart sigte mod venstre kind, men nej, en hurtig knæbøjning og målet var forfejlet. Et mægtigt brøl, en blodig hånd med hudtrevler og silende blod, en arm, der ikke kunne bevæges og i rask trav mod toilettet. De 2 sidste slap med skrækken, forestillingen blev afblæst, vi spillede selv bold, medens voldsmanden forsvandt i retning mod skolen. Helt fri for bekymring om, hvad der skulle ske, var man næppe, men nogen bebrejdelse for ødelagt hånd, blev det af gode grunde ikke til, hvordan skulle han have forklaret sig og situationen. En eftersidning samt en seddel med hjem om upassende optræden var hvad det blev til. Og det var jo en ikke helt uvant situation.

Bøckhausen blev ikke på skolen så længe, måske han valgte nyt erhverv, det burde han i al fald have gjort, men den type var der en del af, som det fremgår. Sidenhen har jeg erfaret, at han forsvandt ned på Vejle kanten.

En tredje, meget "imponerende" pryglepædagog, var den pensionerede overlærer Dall - far til den lokale læge. Vi fik ham vel nok som vikar et år eller 2, i forbindelse med Dinesens jobudvidelse. Dall var i sandhed af den gamle skole, hvilket passede meget godt med faget han underviste i, historie. En stolerækkeside af gangen skulle stå op og i kor, højt og lydeligt, lire dagens lektie af. Ved den mindste slingren i geledderne, faldt straffen prompte. Dall gik rundt med meterstokken, der på bagsiden havde en knop i midten og den blev hamret ned, oven i hovedet på de formastelige, der ikke deltog i koret, så det sang i skallen længe efter. Vel nok den største sikkerhed for, at dem, der var den mindste smule nervøse eller generte, aldrig fik selvtillid eller personligt mod, altså en helt igennem vanvittig og misforstået måde at gøre sig bekendt med landets historie på. Jeg tror ikke, ved nærmere eftertanke, at der er én eneste fra klassen, der sidenhen har uddannet sig til noget, der har med historie at gøre, gad egentlig vide hvorfor? Åbenbart var basal viden om og interesse for børn, noget der ikke var et kvalifikationskrav i datidens skole.

Egon Christensen var sløjdlærer og bibliotekar og en meget ivrig fodboldtilskuer samt Tylstrup-supporter. Vi havde ham kun i sløjd, og han var ganske tålmodig, dog kunne han også fyre en flad af ved lejlighed - det var jo en velintegreret del af kulturen at gøre sådan. Som fodboldsupporter overværede han alle TUI's hjemmekampe i en gruppe, der desuden bestod af "Den lange banemand", Verner Hansen, "Spurt Emil",

Emil Sørensen og "Smed Las", Lars Nielsen og Orla Grønborg. De kommenterede livligt alle bevægelser og begivenheder på banen. Egon døde i 2007 under en cykeltur ved Gl. Vrå. Else Lange kom forbi og fandt ham liggende ved cyklen, endnu varm, men der var ikke noget at gøre trods genoplivningsforsøg.

Æret være Egons minde.

I 6. klasse fik vi en ny klasselærer, Tage Skovsgård Hansen. Han havde en fortid som landmand, men havde i en moden alder taget lærereksamen. Han bosatte sig på et mindre landbrug på Hjallerupvej, på gården lige før Abè Pierres Klunseres gård. Konen var sygeplejerske på Ålborg Sygehus.

Tage udmærkede sig først og fremmest ved, ikke at have nogen indsigt i, hvordan børn i for-puberteten tænker og handler, ikke at have den store humor og ikke at have nogen erfaring med undervisning. Han og jeg havde ikke den bedste kemi sammen og hver gang, jeg afleverede en frisk kommentar, for dog at bryde monotonien lidt, reagerede han intolerant og ubehersket ved at råbe højt og smide mig ud øjeblikkeligt. Han var formentlig den direkte årsag til, at jeg blev uhyre skoletræt og ikke fik nogen form for udbytte af 6. og 7. klasse, og derfor måtte tage et ekstra-år i 8. klasse før jeg var moden og faglig parat til at komme i realskolen. Udover den manglende pædagogik og erfaring fra Tages side, har det nok heller ikke stimuleret og interesseret skolesituationen mere, at undervisningen på grund af pladsmangel, foregik i en kælder uden sollys og uden luft og udluftning. Havde det været i dag, var skolen blevet lukket på under 10 minutter af arbejdstilsyn, miljømyndigheder, samarbejdsudvalg mv. Alt sammen noget, man ikke anede eksistensen af dengang. Men mørkt, fugtigt og ingen udluftning føltes som det rene fængsel. Egentlig var Tage et godt menneske og voldelig var han slet ikke, men forstand på børn i den lidt vanskelige alder, det havde han ikke. Tage døde for et par år siden.

Æret være hans minde.

At jeg, og 5 andre, (Jens Toft, Else og Inger Lange, Kirsten Thomsen og Ruth Gården Larsen) med mig, overhovedet kom i realen, kan vi udelukkende takke

Søren Laursen for, eftersom han i 8. klasse tog os" i skole" og i utvetydige vendinger lod os forstå, at vi selv havde det største ansvar for at udnytte vores evner, at dette ansvar for vores egen skyld skulle tages meget højtideligt samt at tiden for at gøre det, var lige nu. Vi skylder dig, Laursen, en meget stor tak. Laursen var, stort set, den eneste af lærerne i Tylstrup, der havde tilstrækkelig empatisk indføling i elevernes liv og verden. For de fleste andre kollegaer, virkede det som en sur pligt at gå i skole hver dag.

3.7 Dagliglivet i Tylstrup

Næsten alle mændene i byen var eneforsørgere, og stort set alle, bortset fra de forretningsdrivende, landmændene, husmændene, lærerne, præsten, lægen og dyrlægen, var arbejdere.

De fleste arbejdede på fabrikker og på værftet i Ålborg, nogle på teglværker, en hel del på PM i Brønderslev og en meget stor del i Vildmosen med tørvegravning. Herudover skal naturligvis tilføjes alle de, som var beskæftiget ved landbruget. Der var enkelte større gårde, men langt de fleste brug var små statshusmandsbrug med et meget lille jordtilliggende, og med en meget lille kvæg- eller grisebesætning.

Meget beskedne forhold, rent materielt, men tilstrækkeligt til at kunne brødføde en familie, ofte med en større børneflok. Nøjsomt var det, når samtidigt henses til, at jordens bonitet var meget dårlig, rent sandjord, dog med undtagelse af bedrifterne, beliggende i Vildmosen, der i kraft af mosebunden var langt mere frugtbar og udbyttegivende.

Gadebilledet udgjordes derfor næsten udelukkende af hjemmegående husmødre på den daglige indkøbstur samt skolebørn på vej til og fra skole. Alle mændene var på arbejde og hjemme ved 5-tiden og alle unge mennesker var på deres lære- eller elevplads. Pensionister så man stort set ingen af. De, der havde nået pensionsalderen, var forsvarligt anbragt på alderdomshjemmet.

Dette monotone gadebillede blev kun brudt 2 gange om dagen, nemlig på skoledage kl. 11.45 og kl. 12.30, hvor alle skolebørnene fra byen og nærmeste omegn cyklende hjem til frokostpause og tilbage igen. Et af privilegierne ved at have den hjemmegående mor var, at man slap for at have madpakke med. Jeg har således aldrig prøvet at have madpakke med, før jeg startede i realen i Sulsted.

Tænk sig at være vokset op i et samfund, der havde så stort et velfærdsniveau, at en arbejderfamilie kunne bo i eget hus og med den luksus, specielt for børnene, at konen kunne være hjemmegående. Det var faktisk, hvad vi oplevede i 50erne og tresserne, hvor mange oven i købet også fik bil, og det på samme indkomstgrundlag. Hvis ikke det er ægte socialdemokrati, udlevet i praksis, så ved jeg ikke, hvad det er.

Ældreforsorgen med alderdomshjem var et andet af velfærdsstatens stolte symboler, hvor alle gamle kunne få deres sidste tid under trygge rammer, hvor der blev taget hånd om alt for dem. At nærhed og kontakt med sine kære blev afskåret og en vis isolation blev en realitet, skulle vel bare ses som et synligt tegn på ændringen i samfundsstrukturen med industrialiseringen og den dermed forbundne afvandring fra land og det husmandssted og landbrug, hvor de gamle tidligere levede som aftægtsfold i værelser eller egentlige aftægtsboliger.

Ja, alt har sin pris, denne var nok en af de helt store for mange af de ældre medborgere. Ud over tabet af en ægtefælle, mistede den ældre også, som regel, den daglige kontakt til den øvrige del af familien samt det nærsamfund som personen havde beboet hele sit liv.

3.8 De erhvervsdrivende

Efter størrelsen af byen i 1965 var der et imponerende antal af butikker og selvstændigt erhvervsdrivende, ja i nærheden af 50, har jeg faktisk talt det til. En stor del af forklaringen skyldes naturligvis geografien med opland i alle 4 retninger samt det faktum, at folk var meget mindre mobile end i dag. Folk var loyale overfor den nærmest beliggende butik, så de havde alle et fornuftigt forretningsgrundlag. Vi handlede hos købmanden lige overfor kroen, Bent Schønning Larsen og fru. Bente. Nogle fantastisk sympatiske folk, som Bedste og Bedstefar også kom sammen med privat. Den næste var Viggo Hove og frue, hvis handel var placeret midt i byen ved hjørnet af Vestergårdsvej og Luneborgvej. Her fik jeg mit tredje job i den tredje branche, som bybud. Folk kom og bestilte varer og så blev de kørt ud på en Long-John cykel efter skoletid. Tit var det kasser sodavand og øl (det var jo dengang, der var 50 stk. i en kasse og kasserne var af træ). Hove havde den dejligste kælder, hvor al frugt og grønt blev opbevaret, til det behøvedes i butikken, så hver dag ved lukketid, skulle dette i kælderen sammen med kasserne med øl og vand. Her havde jeg den daglige tjans efter skoletid fra jeg var 13 til jeg var 15. Da skulle jeg starte i realen i Sulsted, så slut med budjobs, nu skulle der boges. Det var vist ikke for tidligt, at komme i gang med bøgerne, nu havde jeg ikke haft andet end *"fis i kasketten"* i 6. og 7. klasse, så der var meget at indhente, så den første tid i Sulsted var drøj. Bagermester Hans Nisse og konen Åse var som et ekstra bedsteforældrepar for mig. Her havde jeg mit første job som 9-årig. Hver søndag morgen kl 6 var det afgang med 40 poser med det morgenbrød, som folk havde bestilt i løbet af ugen. Om vinteren i mørke og kulde kunne det godt være en barsk tjans for en bette mand.

En af byens store originaler var handelsmand og kreaturhandler Alfred Jørgensen. Alfred var en munter mand, så der blev drukket lidkøb, når en større handel var sluttet. Ikke så sjældent deltog hjemmeslagter Lassen og slagtermester Peter Hansen i disse festligheder, der naturligvis fandt sted på Tylstrup Kro i Slyngelstuen. Når festen var godt i gang kunne Alfred, der var korpulent og næsten kubikformet, godt finde på at lægge sig op på kroborder med ordene: *"I ka in lut me"*. Så måtte gutterne gøre deres bedste, og hvis forsøget ikke lykkedes, måtte de lade ham falde til jorde. ***"Av min røø og nak"***. Nå, næste gang gentog seancen sig. Stinne og Alfred fik 2 børn, Poul og Tage, som min biologiske moster og åndelige søster Ruth passede som ung pige i huset i 1951-52.

I ti-tolv års-alderen spillede jeg i KFUM-spejder-orkester med dem begge. Poul, som var en af orkestrets ældste på trompet, og Tage på basun, medens jeg selv spillede på althorn, som var en mellemting af de to.

KFUMs spejderorkester, i daglig tale blandt deltagerne kaldet Papa Rexs messingblæserband, blev ledet af Egon Rex, som ejede et lille landbrug, Lille Ultvedgaard. Han tog sig personligt af undervisningen af alle medlemmerne på deres respektive instrument, og stod for al ledelse og administration af orkestret.

Instrumenterne og spejderuniformerne lånte vi, alt sammen imod et meget beskedent kontingent. Hvordan alt dette blev finansieret, aner jeg ikke. Der må dog have været tale om et ret betragteligt beløb, eftersom vi var ca. 20 medvirkende.

3.9 AFSLUTNING

"Hvis man på en og samme tid kan være romantiker, nostalgiker og melankolier, så er jeg helt sikkert sådan en"

Det er sangskriveren Allan Olsen, som i et interview i radioen til P1 har udtalt disse ord. Og hvor føler jeg mig personligt ramt og karakteriseret af disse ord. En sådan person må vel kaldes en DRØMMER, og det er lige, hvad jeg føler mig som. En drømmer har den fordel, at han aldrig er alene eller ensom, og til gengæld den ulempe, at han til tider kan virke noget verdensfjern.

Uanset hvor mine tanker og mine ben førte mig hen i livet, så var TYLSTRUP altid med på rejsen.